中华精神家园

信仰之光

儒学根源

儒学历史与文化内涵

肖东发 主编　高宇飞 编著

中国出版集团

现代出版社

图书在版编目（CIP）数据

儒学根源 / 高宇飞编著. — 北京：现代出版社，
2014.11（2021.7重印）
　　（中华精神家园书系）
　　ISBN 978-7-5143-3057-1

　Ⅰ. ①儒… Ⅱ. ①高… Ⅲ. ①儒学－思想史－中国
Ⅳ. ①B222

中国版本图书馆CIP数据核字(2014)第244601号

儒学根源：儒学历史与文化内涵

主　　编：肖东发
作　　者：高宇飞
责任编辑：王敬一
出版发行：现代出版社
通信地址：北京市定安门外安华里504号
邮政编码：100011
电　　话：010-64267325 64245264（传真）
网　　址：www.1980xd.com
电子邮箱：xiandai@cnpitc.com.cn
印　　刷：三河市嵩川印刷有限公司
开　　本：710mm×1000mm 1/16
印　　张：11
版　　次：2015年4月第1版　2021年7月第3次印刷
书　　号：ISBN 978-7-5143-3057-1
定　　价：40.00元

党的十八大报告指出："文化是民族的血脉，是人民的精神家园。全面建成小康社会，实现中华民族伟大复兴，必须推动社会主义文化大发展大繁荣，兴起社会主义文化建设新高潮，提高国家文化软实力，发挥文化引领风尚、教育人民、服务社会、推动发展的作用。"

我国经过改革开放的历程，推进了民族振兴、国家富强、人民幸福的中国梦，推进了伟大复兴的历史进程。文化是立国之根，实现中国梦也是我国文化实现伟大复兴的过程，并最终体现为文化的发展繁荣。习近平指出，博大精深的中国优秀传统文化是我们在世界文化激荡中站稳脚跟的根基。中华文化源远流长，积淀着中华民族最深层的精神追求，代表着中华民族独特的精神标识，为中华民族生生不息、发展壮大提供了丰厚滋养。我们要认识中华文化的独特创造、价值理念、鲜明特色，增强文化自信和价值自信。

如今，我们正处在改革开放攻坚和经济发展的转型时期，面对世界各国形形色色的文化现象，面对各种眼花缭乱的现代传媒，我们要坚持文化自信，古为今用、洋为中用、推陈出新，有鉴别地加以对待，有扬弃地予以继承，传承和升华中华优秀传统文化，发展中国特色社会主义文化，增强国家文化软实力。

浩浩历史长河，熊熊文明薪火，中华文化源远流长，滚滚黄河、滔滔长江，是最直接的源头，这两大文化浪涛经过千百年冲刷洗礼和不断交流、融合以及沉淀，最终形成了求同存异、兼收并蓄的辉煌灿烂的中华文明，也是世界上唯一绵延不绝而从没中断的古老文化，并始终充满了生机与活力。

中华文化曾是东方文化摇篮，也是推动世界文明不断前行的动力之一。早在500年前，中华文化的四大发明催生了欧洲文艺复兴运动和地理大发现。中国四大发明先后传到西方，对于促进西方工业社会的形成和发展，曾起到了重要作用。

　　中华文化的力量，已经深深熔铸到我们的生命力、创造力和凝聚力中，是我们民族的基因。中华民族的精神，也已深深植根于绵延数千年的优秀文化传统之中，是我们的精神家园。

　　总之，中华文化博大精深，是中国各族人民五千年来创造、传承下来的物质文明和精神文明的总和，其内容包罗万象，浩若星汉，具有很强的文化纵深，蕴含丰富宝藏。我们要实现中华文化伟大复兴，首先要站在传统文化前沿，薪火相传，一脉相承，弘扬和发展五千年来优秀的、光明的、先进的、科学的、文明的和自豪的文化现象，融合古今中外一切文化精华，构建具有中国特色的现代民族文化，向世界和未来展示中华民族的文化力量、文化价值、文化形态与文化风采。

　　为此，在有关专家指导下，我们收集整理了大量古今资料和最新研究成果，特别编撰了本套大型书系。主要包括独具特色的语言文字、浩如烟海的文化典籍、名扬世界的科技工艺、异彩纷呈的文学艺术、充满智慧的中国哲学、完备而深刻的伦理道德、古风古韵的建筑遗存、深具内涵的自然名胜、悠久传承的历史文明，还有各具特色又相互交融的地域文化和民族文化等，充分显示了中华民族的厚重文化底蕴和强大民族凝聚力，具有极强的系统性、广博性和规模性。

　　本套书系的特点是全景展现，纵横捭阖，内容采取讲故事的方式进行叙述，语言通俗，明白晓畅，图文并茂，形象直观，古风古韵，格调高雅，具有很强的可读性、欣赏性、知识性和延伸性，能够让广大读者全面接触和感受中国文化的丰富内涵，增强中华儿女民族自尊心和文化自豪感，并能很好继承和弘扬中国文化，创造未来中国特色的先进民族文化。

2014年4月18日

再创高峰——宋明理学

经世致用——走向实践

上古至西周时期是中华文化形成的重要时期，这个时期社会的变迁及哲学思想的产生，为儒家及诸子百家的出现创造了条件，同时，也成为儒家和诸子百家思想的重要来源和组成部分。

上古时期，尧舜禅让转变为父子相传，我国社会跨入了文明的门槛。商周之际，我国文化发生了巨大变化，周人把注意力从"天"转向人，开始了对人世间的关注，人性从此觉醒。周公制礼作乐，奠定了儒学文明的基础。

儒家根基

尧舜禅让奠定文明基础

那是上古五帝时代，有一位著名的部落首领叫尧，姓伊祁，名放勋。尧16岁的时候就担任了部落的首领，他才华出众，治世有方。在他管理下，社会安定，人们生活幸福。尧到了晚年的时候，开始选拔接班人，以代替他管理部落。有人推荐尧的儿子丹朱，尧认为丹朱粗野好斗，无法胜任首领一职。

尧召开部落联盟会议，让大家推荐有贤能的候选人。大家都推举虞舜，说他是个德才兼备、非常能干的人。

舜姓姚，名重华。他的父亲名瞽，是个盲人。舜幼年丧母，父亲又娶了一妻。后母生

尧画像

下一子一女，因此视舜为异己，经常对舜棍棒相加、百般虐待。

舜同父异母的弟弟叫象，他生性阴险，常在父母面前说哥哥的坏话，这就使父母越来越不喜欢舜，并时常想害死他。

舜虽是食不果腹，衣不遮体，皮肉之伤新旧复加，却依然是逆来顺受，孝悌为先，呵护弟妹。

但是舜的忍让和宽容并未使父母和弟弟对自己的恶行加以收敛，他们反而变本加厉地迫害舜。万般无奈之下，舜只好远走他乡。

舜在历山耕种，前往雷泽捕鱼，在河滨制陶，所到之处无不以品德聚拢四方百姓，以才智创造富庶生活。

在舜来历山前，这些地方的人们为了争夺土地，常常打到头破血流，而舜以美好的品德感化了人们，他以身作则，谦逊恭让，在舜的影响下，当地的人们也变得谦让有礼。

舜到雷泽捕鱼，把最好的房屋和渔场让给别人，使那里的渔民深受感动，他们也争着效仿舜的做法。舜在黄河边烧制陶器，把先进的技艺带到那里，当地的陶工深受启发，做出了更加精美的陶器。

舜每到一个地方，大家都追随他，一年工夫，那里就会成为村落，两年后就会变成镇子，三年后便成

■ 尧立像

陶器　用黏土烧制的器皿。质地比瓷器粗糙，通常呈黄褐色，也有涂上颜色或彩色花纹的。新石器时代开始大量出现。陶器的发明是人类文明的重要进程，是人类第一次利用天然物，按照自己的意志创造出来的一种崭新的东西。

为城市。舜的美名被四方传颂。

尧听了人们对舜的谈论之后，对其行为十分赞赏，有意让舜做自己的接班人。他先对舜进行了考验。尧把自己的两个女儿娥皇和女英嫁给舜做妻子，并安排他去做各种事情。

舜使自己的妻子娥皇和女英与其他人和睦相处，并把尧安排的事情处理得井井有条。尧知道后十分高兴。他赏给舜一件衣服、一张琴，还有一些牛羊。

舜的父母和那个同父异母的胞弟看上了舜的财产，他们妒火中烧，起了坏心，想害死舜夺得财产。

一天，瞽让舜去修粮仓屋顶。等舜上去后，瞽却在下面放起火来，大火霎时间蔓延到屋顶。浓烟滚滚，熏得舜睁不开眼睛。

危急之际，舜想到屋顶上的两顶大斗笠。舜一手抓起一个大斗笠，张开双臂跳了下去。两个大斗笠像一对翅膀，使舜安全落地。

一计不成另生一计，瞽又让舜去挖井，等舜挖到很深的时候，舜同父异母的弟弟象把泥土、石块都一股脑儿地推进坑里，企图闷死舜。

没想到，早有准备的舜事先在井下挖了一条斜道。舜顺着那条斜

■《孝行感动天》壁画

■ 虞舜孝行感天

道又一次死里逃生。虽然父母和弟弟接二连三地加害，舜依然用仁德之心善待继母、胞弟，用宽广胸怀包容糊涂的父亲。

尧认为舜宽宏大量，并且能够很好地处理复杂的事情，把治理天下的大权交给这样的人，是最明智的选择。于是经过三年的综合考察，尧把王位让给了舜。

尧帝传位给舜时，举行了庄严而隆重的禅让大典。尧对舜说道：

咨！尔舜！天之历数在尔躬。允执其中。四海困穷，天禄永终。

意思是说：嗨！你，舜！上天安排的使命落在你的身上。你要真诚地把握正确的原则。如果天下政治混乱、百姓贫困，上天给你的禄位就永远完结了。

禅让 指古代帝王让位给不同姓的人，如伊祁姓的尧让位给姚姓的舜，舜让位给姒姓的禹。这是由部落推选产生继承人的做法，与"父子相继、兄终弟及"的王位继承制度相反，是上古政治舞台上部族政治激烈角逐的结果，目的是让各大部族的代表人物有机会分享最高权力。

这一句话表明，尧已经将上天的神圣使命托付给了舜，并告诫舜，要忠于这份神圣的使命，强调舜对天下人的重大责任。

舜接替尧成为首领后，更加勤勤恳恳地工作，认认真真地办事，大大小小的事务处理得井井有条。舜为了更好地了解民众的疾苦，常去各地巡视。一次，舜到南方苍梧之地巡视时，不幸染病去世。

舜没有把王位传给自己的儿子，也以推荐的方式选拔接班人，最后传给了治水有功的大禹。大禹准备退位时，想把王位让给贤能之士伯益，但由于他的儿子启在当时已经很有势力，伯益和启相争，启获胜，王位最终为启所得。

启取得了王位，结束了天下为公的时代，进入了"家天下"的时代。启还建立了我国历史上第一个国家——夏，我国社会由此进入了国家阶段。

尧舜禅让的方式，就是经过各方诸侯以民主协商的方式推举部落联盟的最高首领，为历代人们所传颂，也成为当时理想政治的最佳模式。

阅读链接

在舜统治时期，有一个名叫伯益的人非常贤能。他10岁的时候，便接替父亲的职位，担任东夷部落联盟首领。他把东夷部落联盟治理得井井有条，成为当时华夏境内最强盛的部落。

闹水患的时候，伯益与大禹并肩奋斗了13年，终于取得治水的彻底胜利。舜把自己的女儿嫁给了伯益做妻子，并让伯益主管灾后重建的全面工作。

据说，由于伯益各方面工作都很出色，舜曾经想把大部落联盟首领的职位禅让给他。但是伯益拒绝了，舜于是让大禹做了自己的继承人，并要求大禹退位后必须把职位禅让给伯益。大禹退位时，想把王位禅让给伯益，但由于大禹的儿子启很有势力。在启和伯益争夺王位的斗争中，启最终取得了胜利，继承了大禹的王位。

周公制礼作乐成为先驱

　　商朝是一个上至君王下至百姓都信奉神性的朝代，商朝的百姓认为自己的生活是上天安排好的，而商朝的历代君王也认为自己是上天派来管理人间的。他们对大事小情都要进行占卜，征求神的意旨。

周公画像

　　商代末年，大臣祖伊看到西伯侯姬昌修明政德，又不断兼并周边方国，害怕其有朝一日势力大增，危害商朝的统治。他把这种情况和自己的担忧如实告诉了商朝国君纣王。

　　纣王听完之后，却不以为然，说道："我生下来，不是就有了天命吗？他能把我怎么样呢？"

　　纣王依然我行我素，整天

■ 周公画像

吃喝玩乐，他不把祖伊的话放在心上。

周本来是渭水中游的一个古老部落，居住于陕西中部的一些地区，依靠优越的自然环境逐渐发展起来。到西伯侯姬昌时，对内重用吕尚、散宜生、太颠、闳夭、南宫适等众贤臣。对外，姬昌宣扬德教，积极调停各方国间的争端，使诸侯纷纷依附，国力逐渐强盛。

公元前1050年，姬昌病逝，世子姬发继位，即周武王。武王继位后，于公元前1046年率领数万人东征，在牧野一战中，重创了纣王的军队。纣王自焚，商朝由此灭亡。

武王灭商后不久就去世了，其子周成王即位。由于周成王年幼，就由周成王的叔叔，即周武王的弟弟姬旦摄政。姬旦，也称"叔旦"，因是周代第一位周公，又称"周公旦"。

过去，商王朝对于臣服的方国、部落虽加有侯、伯等封号，但始终没有形成完整的分封制度，没有系统的控制方案，所以天下的方国时而臣服，时而反叛，使商政权很不稳固。

周公就从王朝的长治久安出发，吸取了商代的建制不完备的教训，开始对分封制重视起来，目的是使

世子 周代时，天子、诸侯的嫡子称"世子"。开始的时候世子只是个称谓，儿子都是世子，后来，演变成册封，也就是后来说的储君，即继承父亲皇位的大儿子。大多册立长子，但历史上也有册立少子为世子的事例。

之系统化、制度化，并与宗法制度紧密结合起来，全面推广到广大地区。这样一来，一个有别于商的新的分封制国家便呼之欲出了。

为了巩固周王朝对分封的各个诸侯的管理，周公从政治及文化方面制定了一套完整的典章制度，史称"周公制礼作乐"。

周公在洛邑这个地方开始制礼作乐。在当时，洛邑人大多是殷商遗民，他们表面上臣服周朝，内心里却不和周王朝一条心，时刻都有反叛的可能。周公在洛邑理政，第一要务就是解决这个问题。

周公下达命令，让安阳一带的殷商遗民统统向洛邑方向集结，并指着已经建好的成周城对人们训话

分封制　由中央王朝把爵位、土地分赐给王室成员、贵族、功臣，使其在封地内建立邦国。受封者在自己的封国内享有统治权，同时要对中央王朝尽一定的义务。自商朝起便有了分封国，但大规模的分封是在周初。

■《周公训王图》

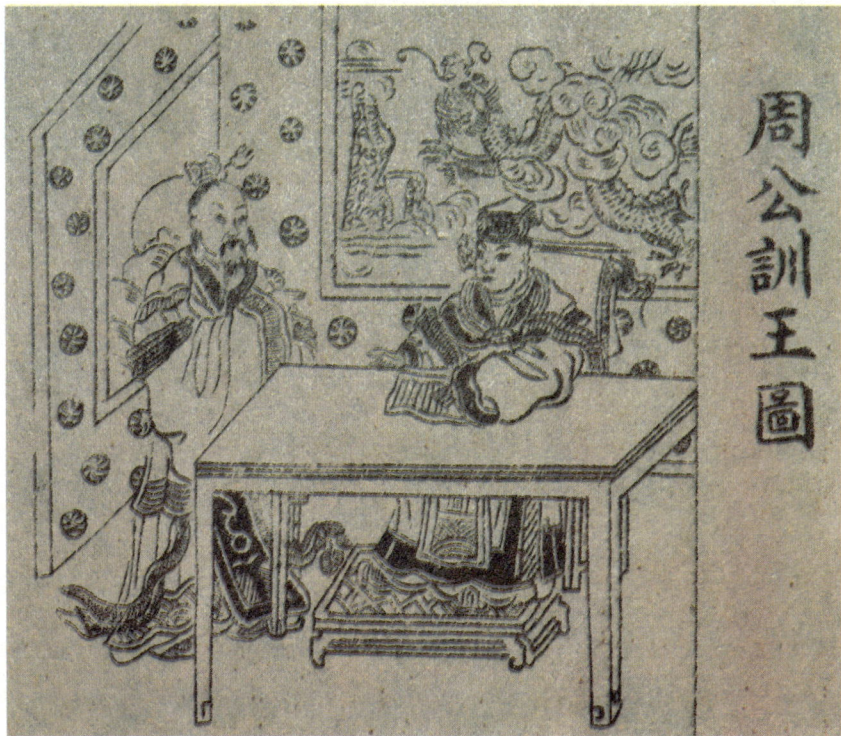

周公训王图

■ 周公画像

说："你们听着，现在我不忍杀掉你们，但要向你们下达命令。我在洛水附近修建了这座大城，是方便四方诸侯前来朝贡的，也是为你们服务王室提供方便，免得你们从大老远的地方奔赴而来，遭受劳顿之苦。"

周公稍顿了顿，又说："你们必须顺从并臣服于我们。你们仍有你们的土地，可以安心从事劳作和休息。如果不敬事周国，你们不但会失去土地，还会受到上天的惩罚。如果你们能够安心住在这座城邑，继续劳动，你们的子孙就会兴旺起来。"

为了有效管理殷商遗民，周公派了兵士，其实这些兵士是为了应付东方战事而准备的，之所以这样设防，是为了威慑殷商遗民罢了。

这样一来，那些殷商遗民便不敢轻举妄动了，时间一长，他们也便服从了周王朝的管理，心里不再想反叛复辟了。

周公制礼作乐并非是全部首创，而是他在夏、商已有的礼乐制度上进行修改，使之成为适合周代的礼乐制度。

据文献记载，为了更好地管理好国家，周公经常夜以继日地思索如何把古代圣王的功业发扬光大，如

诸侯 是古代中央政权所分封的各国国君的统称。周代分公、侯、伯、子、男五等，汉朝分王、侯二等。周制，诸侯名义上需服从王室的政令，向王室朝贡、述职、服役，以及出兵勤王等。汉时诸侯国由皇帝派相或长吏治理，王、侯仅食赋税。

果遇到想通的地方，便会尽快付之于行动。

周公认为，"礼"的主要功能是区别贵贱，如果让各个等级的人各归其位，各安其分，社会就不会出现混乱，也就不会产生争夺，这样就达到了一定程度的和谐。

周公颁布了一系列典章制度，来规范社会各阶级的职能，其中最重要的就是宗法制。宗法制度的核心是嫡长子继承制。

商代王位继承制主要实行"兄终弟及"制，意思是兄长去世后，由其弟接替王位。这样的制度，传位不定，会使统治集团内部因为争夺王位而产生矛盾，进而引发争夺，客观上会削弱统治集团自身的力量。

为了克服这个弊端，周公以血缘关系为出发点，规定王位由嫡长子来继承，遵循"立嫡以长不以贤，立子以贵不以长"的原则，其余的诸子，则分封为诸侯，这样从制度上避免了因继承而发生的流血冲突。

嫡长子 嫡妻所生的第一个儿子。西周王朝实行宗法制，按照血缘宗族关系分配政治权力，维护政治联系。周天子以嫡长子世代继承最高执政权力。嫡长子继承制从此登上历史舞台。西周以后的各个王朝，基本上都执行周朝宗法制所规定的嫡长子继承制，即嫡长子拥有政治继承权。

■周公分封诸侯

儒学根源

儒学历史与文化内涵

琴 古代弦乐器，
又称瑶琴、玉
琴，俗称古琴。
最初是五根弦，
后加至七根弦。
古琴的制作历史
悠久，许多名琴
都有可供考证的
文字记载，而且
具有美妙的琴名
与神奇的传说。
琴，作为一种特
殊的文化，代表
古老神秘的东方
思想。古琴，目
睹了中华民族的
兴衰，反映了华
夏传人的安详寂
静、洒脱自在的
思想内含。

此外，周公制定了一系列礼乐制度，涉及君臣父子、言谈行为、男女性别等各个方面，在多个方面维护了周王朝的稳固。

周公规定的礼非常细致，如办丧事的时候不能谈笑；远望灵柩的时候不许唱歌；吃饭的时候不能叹息，不能说话，不能发出咀嚼声；邻居们有丧事，不能兴冲冲地走路；听音乐的时候，不许唉声叹气；等等。

在周公制定的周礼中，还有一种礼叫"谥"，或者叫"谥法"。就是在每个天子乃至诸侯去世后，根据他生前的政绩和为人的好坏取一个代号，以概括他的一生。

周公制定的"乐"，更多的是强调"和"。礼制森严的社会，虽然保证了秩序井然有序，但这样的体系过于僵硬，而"乐"正好可以进行调和。

通过艺术手段的"乐"来感化人心，使百姓在心中认同社会。乐与礼相辅相成，二者有尊有亲，有别有和，构成治理社会的一个有机整体。传说，周公曾作《三象》《大武》等乐歌，描述了武王伐纣、周公东征及周初盛世的情景。

■ 周公辅政蜡像

周公制定的"乐"虽指音乐却超越了音乐，带有浓厚的社会功能，如《诗》原是用音乐伴奏的歌词，有《风》《雅》《颂》之分。《风》是指不同国家地区、不同风格的乐曲；《雅》是指西周京畿的乐歌；《颂》是天子用于祭祀和其他重大典礼的乐歌。

《雅》和《颂》的乐曲由于用途、声调不同，所以要使用不同的乐器。如果用错了，例如应该用琴的时候却用了瑟，就是违礼，乐师就要受惩罚。

而琴又有雅琴、颂琴之分，绝对不能搞混。在当

瑟 我国古代弹弦乐器，共有25根弦。古瑟形制大体相同，瑟体多用整木斫成，瑟面稍隆起，体中空，体下嵌底板。瑟面首端有一长岳山，尾端有3个短岳山。尾端装有4个系弦的枘。首尾岳山外侧各有相对应的弦孔。瑟是我国古老乐器中的代表乐器，对我国音乐乐器发展有巨大影响。

时，招待宾客，举行宴会，举办典礼，都必须由乐工奏乐或歌唱，所唱的乐歌、所用的乐器都分出等级，不能乱来。

周公制礼作乐，为西周社会的稳固做出了重大的贡献，西周社会正是在宗法制和分封制的支撑下得以保持社会的安宁与平静。

周公的制礼作乐，奠定了我国礼乐文明的基础，使我国成为一个礼仪之邦，从此以后，礼乐制度一直是规范国家生活的主要手段。周公制礼作乐，奠定了我国在治理国家方面以教化为主的思想基础。

至圣先师孔子学礼授教

孔子画像

　　周公的以宗法和分封为基础的礼乐制度在维系西周和平与稳定方面起到了决定性作用，但是到了春秋战国时期，破坏礼乐之事时有发生。诸侯之间开始了接连不断的争斗，社会也由此动荡不安，导致了礼崩乐坏。

　　公元前551年，在鲁国的陬邑曲阜东南的叔梁纥家里，一个男婴降生了。男婴被取名为孔丘，字仲尼。仲尼3岁时就失去父亲，与母亲颜徵在到外婆家所在的曲阜城生活。

　　小仲尼家里生活全靠母亲一人支撑，日子过得十分拮据。他从小饱尝生活的艰辛，由此学会了体贴母亲。

■ 孔子圣迹之《去鲁图》

礼器 古代贵族在举行祭祀、宴飨、征伐及丧葬等礼仪活动中使用的器物。礼器是在原始社会晚期随着氏族贵族的出现而产生的，历史悠久，主要用来表明使用者的身份、等级与权力。礼器包括玉器、青铜器等。

曲阜是鲁国的国都，鲁国为西周初年周公封地，由于这个原因，周天子给了鲁国高级别的待遇，西周王朝的许多典章文物都被周公带到了鲁国。西周末年，社会动荡，周王室的许多典章文物都散佚了，鲁国却保留了不少，因此人们说"周礼尽在鲁"。

小仲尼从小就受到周礼的耳濡目染，他与小伙伴们嬉戏时，常把祭祀礼器摆放出来，练习礼仪。日复一日，小仲尼尽情地和小伙伴们玩着这种游戏。这一切，都被细心的母亲看在眼里。

有一天，母亲把仲尼叫到身边，微笑着问："丘儿，你长大以后，是想做管祭祀的官吗？小孩子家怎么天天学礼制呀？"

小仲尼瞪着一双明亮的大眼睛，认真地回答："娘啊！我长大了，要当个为国效力的好大夫，不学礼制能行吗？"

母亲一听到儿子有读书的要求，心中暗喜，一把将儿子搂在怀里说："丘儿真是娘的好孩子！从今以后，咱家里专为你设学堂，娘教你读书好吗？"

"太好啦，太好啦！孩儿谢过母亲！"小仲尼说完，恭敬地给母亲磕了一个头。

小仲尼6岁的时候，有一天，有位贵族在曲阜南郊进行祭祀活动。他得知后就连忙跑到举行祭祀的地方，兴致勃勃地观看完了郊祭大典的整个过程。

祭祀结束后，小仲尼意犹未尽，回到家便从屋里找出一些坛坛罐罐恭敬地摆在院子里，模仿刚才在南郊看到的祭礼，按照程序一丝不苟地认真演练了一遍。从此，模仿郊祭便成了小仲尼经常做的游戏。

在母亲悉心教导下，小仲尼进步飞快，只用了6天的工夫，就把300多个字学会了。13岁时，小仲尼进入官学学习，当时学生们所学的，主要是敬神祭祀的礼节。15岁前，仲尼学习了一般文化知识和基本技能，但这些根本无法满足他对知识的渴求。

由于家境贫寒，仲尼没有条件进入专门为贵族子弟设立的高级学校深造，他就只能通过自学来提高自己的水平了。

仲尼勤奋好学，当时社会上要求士人必须精通"礼、乐、射、御、书、数"六大科目，他都努力去掌握。他进太庙时遇见什么问什么，表现出极其强烈的求知欲望。

仲尼从不放弃任何一个学习机会。有一次，

■ 孔子圣迹之《丑次同车图》

孔子圣迹之《子见南子图》

颜徵在 （前568—前535），孔子的母亲。孔子的父亲是叔梁纥，他先娶妻施氏，生九女而无子；又娶妾，得一子，名孟皮，有腿疾；依当时礼仪不宜继嗣。叔梁纥72岁时，纳18岁的颜徵在为妻。颜徵在生孔子前，曾去尼丘山祈祷，然后怀上孔子，故孔子起名为丘，字仲尼。孔子3岁时，父亲去世，孔子17岁时，母亲去世。

郯国的郯子来鲁国朝见鲁国国君，鲁国大夫昭子问郯子少昊时以鸟名官的事情，郯子作了详细回答。孔子听说后，便马上去拜见郯子，向他请教少昊时的职官制度。

仲尼非常热衷于政治，从小就树立了自己的远大理想，决心步入仕途，中兴家业。他对周公非常仰慕，以至经常在梦中见到周公。每次他梦见周公后，总是久久不能入睡。因为敬仰周公，他经常到鲁国各地考察学习，遇有不明白的问题就虚心向他人求教，这使他获得了大量知识。

仲尼时刻不忘随时随地研习周礼，通过不断的观摩钻研，他对周礼越来越熟悉了，他的名气也越来越大了，就连鲁国国君也开始注意到他。

孔丘17岁时，母亲颜徵在去世了。母亲离世后，孔丘的生活更为艰难了。迫于生计，他选择了相礼助丧的职业，也叫丧祝，就是专门为贵族和富裕平民主持、操办丧事。

按照当时礼制，丧礼仪式是十分复杂的，也颇为讲究，尤其是富庶人家的葬礼更是隆重奢华。这种丧祝活动在西周时期主要由王室和诸侯国的神职人员巫、祝之类担任。后来，随着社会发展，神职人员地位开始逐渐降低，并逐步散落民间，成为专门从事丧祝活动的术士。

从此，丧祝不再是贵族的专利，一部分富裕起来的平民在丧葬礼仪上也日益讲究起来，对于丧祝的需要也越来越多。如此一来，丧祝便开始成为一部分民间知识分子的正式职业了。

孔丘虽然严肃认真地从事着助丧相礼的职业，但他不满足于只做传统的丧祝者，他希望把丧祝的礼仪发扬光大，使其成为一套社会规范的礼仪。他继续刻苦学习周礼，他渊博的学识和出众的才华，在丧祝活动中很快就得到越来越多人的承认和赏识，他的名气也越来越大了。于是，便有一些年轻人慕名而来求学于他，并尊称他为孔子。

鲁国的国君鲁昭公对孔子的言行也极为赞赏。公元前532年，19岁的孔子完成了人生中的一件大事，那就是结婚了。婚后第二年，他便有了儿子。

鲁昭公知道这个消息后，特命人送了一条大鲤鱼以示祝贺。孔子随即给儿子起名为鲤，字伯鱼，以表示对君王赐鱼的纪念。

孔子渊博的学识和出众的才华，得到更多人的赏识，特别是鲁昭公赐他鲤鱼的消息更是不胫而走，一时间传遍

鲁昭公（前560—前510），姬姓，名裯，鲁襄公之子，母齐归，春秋时期鲁国第二十四位国君，公元前542年至公元前510年在位。公元前517年，鲁国因斗鸡而发生内乱，鲁昭公先后逃亡到齐国、晋国。公元前510年，鲁昭公在晋国的乾侯去世，终年51岁。

■ 孔子读书画像

■ 孔子杏坛讲学图

儒学历史与文化内涵

礼崩乐坏 是对东周时期典章制度逐渐被废弃的一种形象描述。在春秋中后期，由于生产力的发展导致在经济基础、上层建筑领域出现了与周礼要求不相融的局面，具体表现在势力强大的诸侯开始变王田为私田，变分封制为郡县制，政权不断下移，并纷纷制定自己的法律。这些都反映了周代封建社会正走向解体。

了鲁国都城。在鲁国执政的正卿季武子就派人前来请他，让他担任中都宰。

孔子恪尽职守，正直公正，工作卓有成效，得到了众人赞誉。与此同时，他一面做好本职工作，一面更加孜孜不倦地学习。他越学越感到不满足，越学越感到自己与古代文化结下了不解之缘。在此期间，曾点、颜路等青年先后拜孔子为师，做了孔子的学生。

随着孔子的名声越来越大，前来拜孔子为师的人越来越多。鲁国上卿大夫孟僖子面奏鲁国君，请求准许孔子开办学校教授学生。鲁国君答应了。

孔子在阙里的街西边筑起了杏坛，建成了我国历史上的第一所民间学堂。由此，开启了我国私人办学的先河。他提出了"有教无类"，强调所有的人都可以接受教育。他招收学生的条件极为简单，只要有人愿意跟随他学习，便可成为他的学生。

在教学态度上，孔子认为应该"诲人不倦"；在教学内容上，他注重因材施教，提出对学生要做到有针对性；在教学方法上，他强调启发的重要性，提出开导学生要把握时机，要等学生实在无法想明白的时候再去开导他，认为如果不让学生自己努力思考就直接帮助，反而会使学生养成不爱思考的坏习惯。

　　针对当时的礼崩乐坏，在教学过程中，孔子特别强调学生们要加强自身修养，强调做人要正直和仁德，他说：

　　　　人之生也直，罔之生也幸而免。

　　在孔子看来，一个人只有正直才能光明磊落，只有心中坦荡做事才没有担忧。虽然生活中不正直的人也能生存，但那些人只是靠暂时的侥幸避免灾祸，迟早要跌跟头的。

　　孔子认为，做人除了要正直外，还要仁德，因为仁德是做人的根本，是处于第一位的；并且只有在仁德的基础上做学问、学礼乐才有意义，而且只有仁德的人才能无私地对待别人，才能得到人们的称颂。他说：

　　　　人而不仁，如礼何？人而不仁，如乐何？唯仁者能好人，能恶人。

　　那么怎样做才能算仁呢？孔子认为，能够自己做主去实践礼的规范就是

正卿　春秋时部分诸侯国的执政大臣兼军事最高指挥官，上卿兼执政卿于一身，权力仅次于国君。但也有部分诸侯因政体不同，未设正卿一职。由于正卿为要职，终身执掌一国之命脉，权臣代替国君发号施令，容易造成君权下移于卿大夫之手，后被废除。

021

思想渊源

儒家根基

■ 孔子圣迹之《学琴师襄图》

■ 孔子圣迹之《在陈绝粮图》

子路（前542—前480），即仲由，字子路，又字季路。孔子得意门生。以政事见称。性格爽朗率真，有勇力才艺，敢于批评孔子。孔子了解其为人，评价很高，认为可备大臣之数。他做事果断，信守诺言，勇于进取，曾任卫蒲邑大夫、季氏家宰，后为卫大夫孔悝家宰。

人生的正途。一旦做到言行符合礼，天下的人就会赞许你为仁人了。

克己复礼为仁。一日克己复礼，天下归仁焉。

有一天，孔子和弟子们一起讨论学问。弟子颜渊向孔子请教："老师，什么是仁？如何做到仁呢？"

孔子回答："克制自己，恢复周礼，就是仁；以周礼为标准，时时处处严格要求自己，使自己的言行符合周礼，就是做到仁了！"

弟子子路便又接着问："老师，什么是仁德呢？怎样做才算是仁德呢？"

孔子说："对人恭谨就不会招致侮辱，待人宽厚就会得到大家拥护，交往信实别人就会信任，做事勤敏就会取得成功，给人慈惠就能够很好使唤民众。能实行这五种美德者，就可算是仁德了。"

子路说："老师，假如我当将军带兵打仗，让子贡、颜回做我的校尉。攻城必克，夺地必取，百战百胜。这样算是有仁德之人吗？"

孔子说："这样只能算是勇敢的武夫而已！"

孔子认为"仁"是后天"修身""克己"的结果，而不是天生就有的。而要想完全达到仁是极不容易的，需要广泛地学习文化典籍，用礼约束自己的行为，这样就可以不背离正道了。

孔子还认为，还要重视向仁德的人学习，用仁德的人来帮助自己培养仁德。而仁德的人应该是自己站得住，也使别人站得住，自己希望达到也帮助别人达到，凡事能推己及人的人。他说：

> 博学于文，约之以礼，亦可以弗畔矣夫！
> 己欲立而立人，己欲达而达人，能近取譬，可谓仁之方也已。

为了能做到仁，弟子曾子每天都要再三反省自己：帮助别人办事是否尽心竭力了呢？与朋友交往是否讲信用了？老师传授的学业是否温习了呢？

■ 孔子圣迹之《退修琴书图》

除了正直和仁德，孔子又强调做人还要重视全面发展，就是志向在于道，根据在于德，凭借在于仁，只有这样才能真正地做人。

孔子的私人办学迎合了当时广大平民的愿望，受到了上至达官贵族、下至平民百姓的普遍欢迎。孔门弟子最多时达到了三千多人，其中贤能者有七十二位，最有名的弟子被称为"四科十哲"。

孔子把学问分为德行、政事、言语、文学四个方面，共有十位弟子在这些方面取得了卓越的成绩。这十位弟子就被称为"四科十哲"。他们是孔子弟子的优秀代表，受到了人们的普遍尊敬。

孔子的学生遍布当时的许多个诸侯国，多数来自鲁国、卫国、齐国、秦国、陈国、宋国、晋国、楚国、吴国、蔡国、燕国等。

孔子曾经按品行和专长对他的学生进行分类，举出每一类的佼佼者。其中品行高洁者以颜渊、闵子骞、冉伯牛、仲弓为代表；表达力强以宰予、子贡为代表；擅长政事者以冉有、子路为代表；在学问研究方面以子游、子夏为代表。

针对当时的诸侯割据和礼崩乐坏的局面，孔子一直在思考着治国良策，也一直希望通过入仕将自己的所有才华用来治理国家，却苦于没有机会。于是，孔子便把教育当作"安邦治国"的重要组成部分，强调以文教来感化百姓。

孔子讲学图

公元前517年，齐景公出访鲁国，因仰慕孔子的大名，便派人把孔子请到府上，向孔子请教安邦治国的良策。

景公问孔子："请问夫子，做为国君，如何治理他的国家呢？"

孔子回答说："治国的根本在于'人伦纲常'。君主必须像个君主，臣子必须像个臣子，父亲要像个父亲，儿子要像个儿子。每个人都要各在其位，各司其职。否则国将不国，政将不政，社会将混乱不堪。如果君主自己正，管理国政就不会有什么困难，如果自己已不端正，随心所欲，为所欲为，就不可能去端正别人，其国家也无法治理。"

景公又问："稳定天下的大计是什么呢？"

孔子答："实行清明的政治，用贤惩恶，减轻赋税，助民兴业。"

景公问："教育百姓的良策是什么呢？"

孔子答："用道德感化教育，用礼教加以约束，能使百姓不但有羞耻之心，而且能改过向善。"

景公又问："怎样才能富国强兵呢？"

孔子答："从严治吏、发展生产、节俭，三者结合是强国关键；从严治军、注重德教、训练，为强兵之本。"

■ 孔子论政图

齐景公（约前561—前490），是春秋后期的齐国君主。他年幼登基，在位58年，是齐国历史上统治时间最长的国君之一。他亲政之初，能够虚心纳谏，认真听取、采纳晏婴、弦张等人建议，并放手贤臣治理国家，从而使齐国在短短几年间由乱入治，人民生活得到了较大改善，综合国力得到提高。他的文治武功使齐国得以强盛一时，成为后来齐国强大的基石。

孔子远行图

景公赞扬道："夫子所谈治国之道言近旨远，可行啊！"

自从这次交谈后，齐景公多次召见孔子论政。有一次交谈之余，景公高兴地对孔子说："我想把尼溪封给你。"

孔子推辞说："我对齐国没什么贡献，无功不受禄。"

齐景公说："你多次为寡人提供良策，这本身对齐国就是一个不小的贡献嘛！"

后来，孔子就到了齐国，原本希望从齐景公处得到一个从政机会，以便实践自己的"君君、臣臣、父父、子子"的治国理想。可是，他在齐国住了一年多时间，不仅从政的希望没有实现，就连齐景公当面答应的给予尼溪之地的封赏也落空了。

孔子百思不得其解。后来，他得知齐国大夫妒忌自己的才能，不但要挟齐景公收回对自己已许下的赏赐，而且还欲加害自己。于是，孔子重新回到鲁国，续继聚徒讲学。

在这期间，孔子一面教导弟子，一面上下求索。他在理论上的最大成就，就是用"仁"对"礼"进行改造，提出并完善了他的"仁学"理论。

对于夏、商、周三代的礼制，孔子最赞赏的是周礼，认为它综合了夏商之礼的优点。在他看来，周礼不仅继承了夏商之礼的许多形式和"亲亲""尊尊"的核心内容，而且大大增加了夏商之礼所缺乏的道德理性精神。在此基础上，孔子进一步阐发和弘扬礼的道德性，他用

"仁"对礼进行改造，从而把礼提到了一个新的高度。

在此时，孔子提出的"仁"实际上就是赋予"仁"普遍人人之爱的形式，换句话说就是对所有人，包括处于社会最底层的奴隶，都要尊重、关心和体谅。这样，"仁"又成了处理人际关系的准则，即所有人都从"爱人"的原则出发，不要把自己厌恶的东西推给别人。

当时正是"百家争鸣"时期，孔子的言论是百家争鸣中最有影响的。以孔子及其弟子为代表的崇尚"礼乐"和"仁义"、提倡"忠恕"和"中庸"之道、主张"德治"和"仁政"、重视伦常关系的流派，成为当时一个最重要的学术流派。

因为孔子曾经从事过丧祝，他的学问也是从丧祝发展而来的，而从事丧祝的人需要身着特制的礼服，头戴特制的礼帽，当时称之为"襦服"。"襦"与"儒"字同音，人们便逐渐直接称"丧祝"为"儒"了。于是，人们把孔子创立的学派也就称为"儒家"学派了。

孔子以谈话的方式教育弟子，正是这样的教育方式，使孔门的弟子学有所得，各有所长，声名远播，为儒家学派的形成奠定了坚实的

■孔子圣迹之《退修琴书图》

基础。

31岁时，孔丘带领弟子南宫敬叔西去洛邑问礼于老子。老子熟于掌故，精于历史，谙熟周礼。孔子向老子请教了一些关于礼的问题。

老子见孔子千里迢迢来学习，为他的好学所感动，不仅把自己所知全部相授，而且给孔子引见了擅长音乐的苌弘。苌弘也把自己会的有关乐的知识全部告诉了孔子，使孔子对音乐有了更进一步的了解。

孔子离去后对弟子们说："鸟，我知道它能飞；鱼，我知道它能游；兽，我知道它能跑。会跑的可以织网去捕，会游的可制丝去钓，会飞的可以用箭去射。至于龙，我就不知道该怎么办了，它是乘风驾雾，飞腾升天啊！我今天见到的老子，大概就是龙吧！"

孔丘潜心学习古代礼乐，孜孜不倦地教育弟子，为儒学的诞生和儒家学派的形成奠定了良好的基础，正是在这样的沃土之上，儒家文化才得以迅速发展壮大。

儒学历史与文化内涵

阅读链接

孔子的出生富有传奇性，相传，孔子的父亲叔梁纥娶颜徵在时年事已高，听说尼山神灵非常灵验，他便携妻子来到尼山，焚香祷告，祈求早生贵子。尼山祈祷归来后，颜徵在发觉有孕在身。十月临盆时，她梦见一个仙女手牵一麒麟，麒麟背上坐着一个小孩。

仙女说道："此兽名叫麒麟，专为送子而来。"颜徵在欲缚住麒麟，却见麒麟张口狂吼，颜徵在猛地从梦中醒来。颜徵在把梦境告诉丈夫叔梁纥。叔梁纥认为麒麟送子，自是吉兆。不久，颜徵在就生下了孔子。

孔子创建儒家思想体系

　　孔子在担任鲁国中都宰的第二年，擢升为司空，后又升任大司寇。在担任大司寇时，孔子在鲁国和齐国的夹谷之会中，大显身手，帮助国力较弱的鲁国取得了外交上的胜利。夹谷之会后，齐国觉得孔子在鲁国是对齐国的一个巨大威胁，齐国的国君就赠送给鲁国的国君一班女乐，想借此迫使孔子离开鲁国。鲁国君中计，欣然接受了这班女乐，恣意享乐起来。

孔子齐鲁会夹谷图

　　孔丘看到鲁国君天天沉湎于女乐声色之中，不理政事，又加上"陪臣执国命"的政治乱局，遂带领学生离开鲁国，开始周游列国，去寻找机会实现自己的政治主张。

孔子这一次周游历时多年，他带领自愿随行的子路、子贡、颜回、宰予、高柴等弟子到过卫国、宋国、郑国、陈国、楚国等。

在这些国家，孔子和他的弟子受到的待遇迥然不同，但由于各种原因，他的政治主张都没有得到应有的重视。为此，他长期抑郁不乐，郁结于心。

■ 孔子圣迹之《灵公问陈图》

在陈国居留期间，孔子的弟子季康子承袭了父亲季桓子的爵位，成了鲁国的执政。他派人召回了跟随孔子周游的同门冉求。冉求回鲁国后，做了季氏的家臣。

在楚国居留期间，从鲁国传来不少令孔子感到欣慰的消息。那就是在鲁国，孔子的弟子们个个表现不凡，这使季康子感到有必要迎回他们的老师孔子。于是派出公华、公宾、公林等作为使臣，携带厚礼迎接老师孔子返回故国。

鲁国需要孔子回来，孔子更想回到鲁国。这两个条件一起具备的日子终于来到了，孔子终于踏上了回家的路途。公元前484年，68岁的孔子终于结束了周游列国的生涯，回到了久违的鲁国。

孔子返回鲁国后，鲁国朝中很多官员以及众多的

《周易》 我国古代哲学书籍，亦称《易经》，简称《易》，是建立在阴阳二元论基础上对事物运行规律加以论证和描述的书籍。是我国传统思想文化中自然哲学与伦理实践的根源，对中国文化产生了巨大的影响，是华夏五千年智慧与文化的结晶。

故旧亲朋、昔日弟子，络绎不绝地前来探望。因为孔子年事已高，不宜担任具体官职，鲁国就给予他很高的待遇，并尊他为国老。

孔子经过多年实地考察，回国后开始潜心治学，由此开启了影响历史达数千年之久的儒学先河。

晚年的孔丘对《周易》产生了浓厚兴趣，他时时诵读研习。古代早期的文献是写在竹简或者丝帛上的。竹简要用绳子编连起来，卷起来便是一卷，阅读的时候展开。

长时间翻阅，编连竹简的绳子便会磨断。孔子翻阅《周易》的次数多得自己也记不清了，以致把编连竹简的牛皮绳都磨断了好几次。

每次磨断之后，弟子们就帮助老师用新牛皮带子把竹简串好，然后继续研读。通过反复阅读琢磨，孔子对《周易》的理解达到了融会贯通的程度，他在边读边写的基础上，开始系统地编写《易传》。

此外，孔子还把相当一部分精力，放在了编订其他的儒家经典和教授学生上。儒家的6部经典著作"六经"都是在这个时期编订的。"六经"包括《诗经》《尚书》《礼记》《乐经》《周易》《春秋》。

竹简 战国至魏晋时代的书写材料。是削制成的狭长竹片、木片，竹片称"简"，木片称"札"或"牍"，统称为"简"，现在一般说竹简。均用毛笔墨书。由于其材料的局限，难以广泛地传播，这极大地限制了文化和思想的传播，这一切直至纸张的出现才得以改变。

■ 孔子圣迹之《临河而返图》

■ 孔子圣迹之《孔子使子路问津图》

曾子 (前505—前435), 字子與。16岁拜孔子为师, 勤奋好学, 颇得孔子真传。他积极推行儒家主张, 传播儒家思想。他的修齐治平的政治观, 省身、慎独的修养观, 以孝为本的孝道观影响我国两千多年, 一直具有极其宝贵的的社会意义和实用价值。著述有《大学》《孝经》等, 被后世儒家尊为"宗圣"。

这6部儒家经典著作并非孔子所做, 而是在孔子之前早已存在。孔子本着"述而不作, 信而好古"的原则, 对这6部古书做了详细的整理工作, 使其更为系统和完善。

同时, 孔子又借鉴、吸收了老子的某些思想, 形成了自己的思想价值观, 就这样, 早期儒家的思想体系终于诞生了。

孔子儒学思想体系是以"仁""礼"思想为核心的。他在周游列国的14年期间, 提出并完善了自己的"仁学"理论。对于夏、商、周三代的礼制, 他最赞赏的是周礼, 认为它综合了夏商之礼的优点。

仁并非孔子所创, 在他之前, 便有"仁"字和"仁"的观念, 但孔子给"仁"注入了新的内涵, 使其成为儒家思想体系的核心之一。

有一天, 孔子的马房失火了, 孔子退朝回家后, 开口便询问, 有没有人受伤, 并没有先问马。

在孔子的时代, 马是比较贵重的财物, 而看管马房的人, 一般都是社会地位低下的奴隶。孔子听到马房失火, 首先关注的是人, 这在孔子之前是从未听说过的事。

孔子在马房失火的情况下, 问人而不问马, 这是孔子"仁"的以人为本思想的具体体现。

　　孔子本人很少给仁下明确的定义，而大多是在不同的场合对不同的弟子具体讲什么是"仁"。《礼记·中庸》记载孔子对"仁"的见解："仁者人也，亲亲为大。"

　　如何做到仁，孔子的弟子也经常就这个问题请教老师。有一次，孔子对曾子说："曾参啊，我的学说贯穿着这样一个基本观念。"

　　曾子说："是啊！"

　　其他弟子问曾子："老师说的是什么意思呀？"

　　曾子回答说："老师的学说，是忠和恕。"

　　那何为忠恕？孔子有自己的看法。有一次，子路问孔子："老师啊！有没有一句可以终身奉行的语言准则呢？"

　　孔子回答道："如果有，那就是恕吧！自己不想要的东西，就不要强加给别人。"

　　这是一种推己及人的思维方式，如果能做到的话，就表明了一种仁爱。孔子的时代是一个受礼制制约的时代，他把仁和礼相结合，构建了他的思想系统，即一个仁礼互动的思想体系。

　　有一次，弟子颜渊问孔子什么是仁，孔子回答道："抑制自己，使言语、行为都符合礼，这

■ 孔子塑像

就是仁啊！一旦做到了，天下人都会称你是个仁人。实践仁德，全凭自己，别人是左右不了的。"

颜渊又问："老师，能不能讲得具体点啊！"

孔子说道："不合礼的事情不看，不合礼的话不听，不合礼的话不说，不合礼的事情不做。"

孔子把仁作为道德的最高境界，与仁有关的词语，如仁爱、仁慈、仁德、仁厚等，这充分体现出了他的仁爱思想。

孔子认为，仁学表现为忠恕之道。所谓忠，就是"己欲立而立人，己欲达而达人。"大意就是：要想别人做到，自己首先要做到，要求别人的，首先要求自己。所谓恕，就是"己所不欲，勿施于人"，能够实践忠恕之道，也就体现了克己复礼为仁的根本原则。

"孝"是儒家伦理道德中一个十分重要的范畴，也是具有普遍社会意义的一个道德理念，自古以来，它一直作为中华民族崇尚的美德。孔子把"孝"作为实行"仁"的根本，深刻阐发和揭示了"孝"所具有的普遍社会意义。

孔子"孝"论更深层的含义，就是倡导"孝"行，以推广和实施其"仁"学的主张。

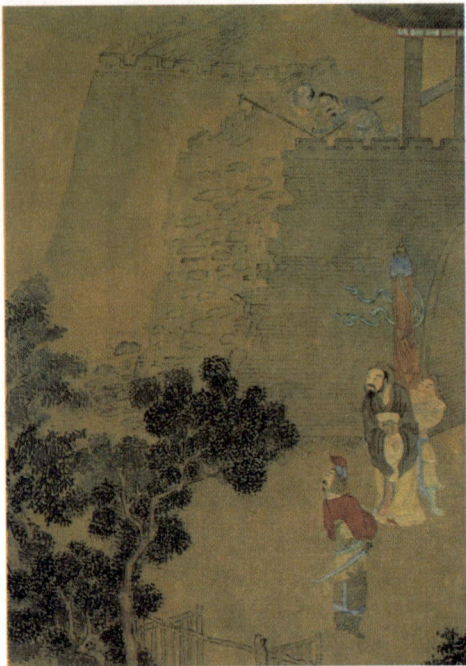

■ 孔子圣迹之《堕三都图》

颜渊 孔子一个非常有名的弟子，字子渊，名回。春秋末鲁国人。他十四岁即拜孔子为师。在孔门诸弟子中，孔子对他称赞最多，不仅赞其"好学"，而且还以"仁人"相许。历代文人学士对他也无不推崇有加。

礼也是孔子的核心思想之一。有一次，孔子的弟子林放问孔子礼的本意，这也就是问制礼的最初目的是什么。

孔子回答说，制礼的本来目的是通过履行这些礼节、仪式，把人的情感、美德表现出来。礼并不是拿来炫耀和作秀的。所以，礼不需要铺张浪费，朴实、节俭就可以了。

对于只有礼器的丰富才能体现出尊礼的观点，孔子曾感叹道：

礼啊！礼啊！难道仅仅是指玉帛等礼物而说的吗？乐呀！乐呀！难道也仅仅是指钟鼓等乐器而说的吗？

孔子特别强调礼的内涵和价值，而且认为，仁、礼关系十分密切，他说："人而不仁，如礼何？人而不仁，如乐何？"

意思是说：一个人如果没有仁爱之心，礼仪制度对于他来说，那又有什么用呢？一个人如果没有仁爱之心，音乐对于他来说，又有什么用呢？

孔子论孝图

儒学历史与文化内涵

曾点 字子晰，亦称曾晳、曾蒇，春秋时期鲁国武城，即今山东省平邑县魏庄乡南武城人。曾参之父，孔门弟子七十二贤之一。与颜回之父颜无繇、孟子之父孟孙激等并祀于曲阜孔庙后部的崇圣祠。739年，追封"宿伯"。1009年，加封"莱芜侯"。1530年改称"先贤曾氏"。

■ 孔子圣迹之《删述六经图》

在孔子看来，仁是内在的思想道德，礼是外在的伦理行为；仁决定礼，礼反映仁，仁更根本、更内在。

孔子明确地提出了"为政以德"的主张。仁学在社会政治领域内的运用，就是仁政、德治、为政以德。为政以德反对法家刑治，是对统治者的最高要求。具体表现为：办事认真，取信于民，爱惜民力，节约用度，正身律己，扶正驱邪，举善罚恶，等等。

除了"仁"和"礼"思想外，孔子所创立的儒家思想，还包括教育和美学两方面的内容。

在教育方面，孔子首次提出"有教无类"，认为世界上一切人都享有受教育的权利。在教育实践上，他提出了很好的建议：教师在教书育人的过程中应该"诲人不倦"，"循循善诱"，"因材施教"。

孔子认为学生应该有好的学习方法，如"举一反三""温故而知新"；学习还要结合思考，"学而不思则罔，思而不学则殆"，好学，"三人行必有我师"；学习态度非常重要。

在美学方面，孔子的美学思想核心为"美"和"善"的统一，也就是形式与内容的统一。

孔子的弟子都非常尊敬他，他们把孔子的思

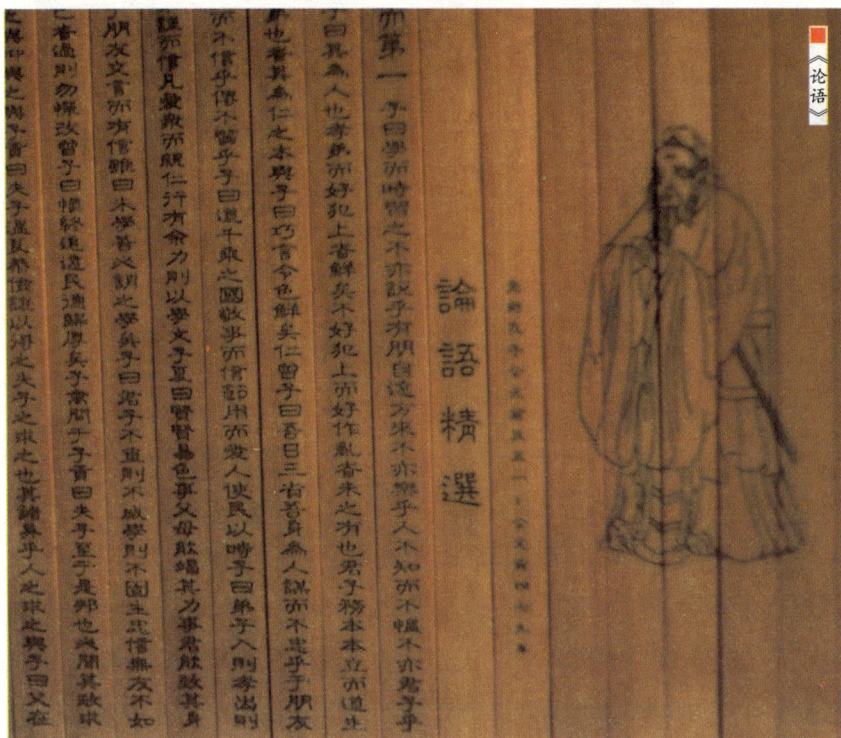

論語精選

想进行了广泛传播，在当时产生了很大的影响。后来，孔子主要弟子
及其再传弟子把孔子的言行记录下来并整理成了一部书，内容包括孔
子谈话、孔子答弟子问、弟子之间的相互讨论以及弟子对孔子的回忆
等，并取名叫《论语》，意思是语言的论纂。

　　这部书集中体现了孔子的政治主张、伦理思想、道德观念及教育
原则等。全书共20篇，每篇由若干段文字组成，多数段落是以"子
曰"开头的孔子语录，少数段落略有记事和对话。

　　孔子是《论语》描述的中心，书中不仅有关于他的仪态举止的描
写，还有关于他的个性气质的传神刻画。此外，围绕孔子这一中心，
《论语》还成功地刻画了一些孔门弟子的形象。如子路的率直鲁莽、
颜回的温雅贤良、子贡的聪颖善辩、曾点的潇洒脱俗等，都称得上个性鲜
明，能够给人留下深刻印象。

孔子圣迹之《天降赤虹图》

在《论语》中，表现了孔子因材施教的特点，他对于不同的学生对象，考虑其不同的素质、优点和缺点以及具体情况，给予不同的教诲，表现了他诲人不倦的可贵精神。

孔子的思想是儒家思想的核心，其体系也是儒家思想体系的主体，孔子开启了儒家文化绵延几千年的先河，对我国乃至世界的文化意识形态产生了巨大的影响，正如后来宋代大思想家朱熹曾在《朱子语类》中引述"天不生仲尼，万古长如夜"，从中可见孔子及其思想在中华文明进程中的地位。

阅读链接

礼最早起源于宗教，指与祭祀活动有关的祭祀礼节、仪式，周公制礼作乐使礼这一概念丰富起来。周公不仅注意礼节、仪式，而且注意到礼节、仪式背后所蕴含的意义。春秋时期是礼崩乐坏的时代，这个时期，孔子对恢复周礼又做出了贡献，使礼产生了一次显著的变化。

孔子把仁注入礼中，使礼的内涵更加丰富。此时的礼所蕴含的内在精神，使其与"仪"分别开来，至此，礼与仪在理论上有了真正的区分。但在实际使用中，礼与仪区分不明的情况依然普遍存在。

孔子和他的弟子一同开创了儒学。孔子的弟子在儒学发展中扮演了两个角色，这两个角色分为两个时期，一个时期为孔子去世前。这个时期，孔子的弟子同老师孔子一起创立儒学。另一个时期是孔子去世后。这个时期，孔子的弟子成为儒学的传承者与发展者。

孔子弟子时期，儒学沿着原创时期的精神发展，原有的分化进一步发展，并在此基础上形成了不同的派别。到了子思、孟子、荀子所处的时期，儒学得到了更进一步的发展和完善，思孟之学是其代表思想。

思孟之学

孔门弟子躬身践行儒学

公元前479年，孔丘逝世，终年73岁。老师孔子逝世后，孔门弟子四分五裂，形成不同的派别，儒家学派由此变得更加松散，但散往各地的弟子，也把儒家学说带到了鲁国以外的其他地区。

子夏画像

在战国初年，儒家学派中声势最显赫者应属子夏开创的西河之学。在孔子所有弟子中，子夏是比较特殊的一个，他十分注重通过躬身实践，修养自身的品德。

子夏曾说："对妻子，重品德，不重容貌；侍奉爹娘，能尽心竭力；服事君主，能豁出性命；同朋友交往，能诚实守信，这样的人，虽说没有学习过，我一定说他已经学习过了。"

■ 孔子与弟子说教蜡像

老师孔子去世后，子夏回到魏属西河设帐授徒，学生众多，声势浩大，形成了西河之学，培养出一大批治理国家的人才，客观上扩大了儒学的影响。魏国的国君魏文侯把子夏当作老师来看待，这种礼遇也极大地推动了儒学的发展。

当年孔子带领弟子们周游列国，推行其学说主张，未能得到各国君主的重视，子夏却把老师的这个梦想变为了现实。从子夏开始，儒学在治理国家上才真正得到了重视和采用。

后来子夏的弟子李悝，总结晋国变法改革的经验，写成了《法经》一书，成为法家的始祖。再后来，卫国人商鞅携带《法经》前往秦国，进行变法，对后世法律产生了重大影响。

子夏的弟子中，比较优秀的还有段干木、田子方、禽滑离、公羊高等。子夏在西河之地设帐授徒，

《法经》 我国历史上第一部比较系统的成文法典。制定者是战国时期著名的改革家李悝。《法经》并不是我国历史上第一部成文法典，在它之前，已经颁布了很多法典，只是不够完善。《法经》是以后历代法典的蓝本，影响巨大。

孔子及弟子出游图

开辟了西河这个学术之地，也使儒学开始在三晋大地上流传开来。

孔丘的弟子子路，性格直率，讲信义，重然诺，以勇猛著称。公元前480年，卫国发生了政变，当权者孔悝与卫灵公的太子蒯聩勾结发动叛乱，率众袭击卫灵公。

子路当时身在城外，闻讯急忙赶回，正好遇到同门子羔从城门出来，子羔对他说：

出公去矣，而门已闭，子可还矣，毋空受其祸。

大意是：国君已经逃走，城门已经关闭，你也赶紧离开吧，不要遭受牵连，白白受死。这是他们家的私事，与你没有什么关系。

子路不由热血上涌，大声地说：

食君之禄，担君之忧。

意思是：既然已经拿了人家的俸禄，就得替人家排忧解难。子羔见没有办法劝服子路，摇了摇头，只好走了。

恰巧这时有一位使者进城，城门开了，子路便跟着进去。到了蒯聩那里，这时，战斗已经快要结束了，蒯聩和孔悝登上了高台。

子路走上前去对蒯聩说："君子哪里用得着孔悝这等违背仁义的小人，请让我杀了他。"蒯聩不听，于是子路要放火烧台。蒯聩害怕了，就命令贴身护卫进攻子路。子路虽然英勇，但身被刺伤数处，被砍断其冠缨。

冠是古代礼仪的象征，只有贵族才能戴冠，成年后要行冠礼，而平民只能戴巾。儒家弟子更视戴冠为礼之大端。

危急时刻，子路想起老师的教诲，便扔掉了手中的剑，昂然说："大丈夫死不免冠，容我结缨再战！"然而敌人并没等他理好帽子，便一拥而上把他剁为肉酱。君子可以死，却不可以不戴冠而死，这是儒家礼制的规定，在生命攸关的时刻，子路也没有忘

俸禄 我国古代朝廷按规定给予各级官吏的报酬，主要形式有土地、实物、钱币等。我国古代俸禄制度的发展可分为三个时期。商周时期因官职同爵位相一致，并且世代相袭，俸禄实际上是封地内的经济收入。即俸禄表现为土地形式。春秋末期至唐初主要以实物作为官吏的俸禄。唐初以后，主要以金银钱币作为官吏的俸禄。

一脉相承

思孟之学

■ 孔子及弟子画像

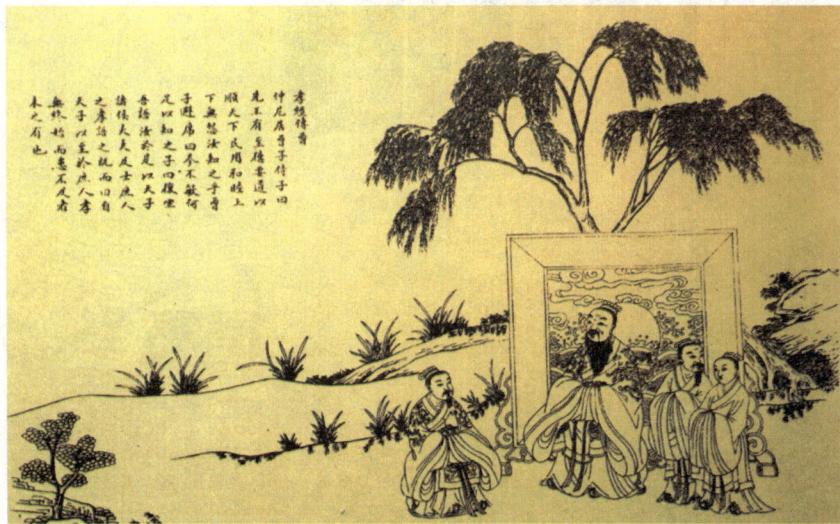

孔子弟子三千，其中贤者七十二，其弟子主要来自北方，尤其来自鲁国的居多，只有言偃一人是南方人。儒学在南方的传播，言偃起到了非常重要的作用。孔子曾说："吾门有偃，吾道其南。"因此言偃被称为"南方夫子"。

言偃精通于礼，是孔门弟子中公认的礼学专家，一次，曾子到卫国一个叫负夏的地方去吊唁。主人已经行过祖奠，正要出葬。见到曾子来，深感荣幸，就又把灵柩车掉头向内，但让家中妇女仍然停留在两阶之间，然后行礼拜谢。

随从问曾子："这样做合乎礼节吗？"曾子说："祖奠的'祖'字是暂且的意思，既然是暂且的意

■ 曾参夜晚挑灯著书

思，把车掉头向内有何不可呢？"

随从者又去请教同来的言偃，言偃回答道："在正寝的当门处小殓，在表示主位的东阶上大殓，在表示客位的西阶上停枢，在祖庙的堂下举行最后告别的祖奠，最后葬于野外的墓地里。从始到终是一步步由近而远的，所以办理丧事，应有进无退。"

言偃晚年回到故土，继续讲学传道，与之学习的吴中弟子数以千计，声势浩大，为儒学在南方的传播做出了巨大的贡献。

曾子是孔子晚年最重要的弟子之一，儒家学说的重要传承人。曾子积极宣扬、发展老师孔子的学说，并以躬身实践而闻名。

一次，曾子的夫人要去集市，他们的儿子吵着闹着要跟着去。曾子的夫人对儿子说："好孩子，你在家里玩耍，一会儿母亲从集市回来，给你杀猪吃。"

孩子听完之后，便留在家中玩，也不再吵着跟着去了。过了一会

■ 曾参画像

君子 特指有学问有修养的人。"君子"一词出自《易经》，被全面引用最后上升到士大夫及读书人的道德品质始自孔子，并被以后的儒家学派不断完善，成为中国人的道德典范。"君子"是孔子的人格理想。君子以行仁、行义为己任。《论语》一书，所论最多的，均是关于君子的论述。

儿，曾子的夫人从集市上回来了，曾子便去捉猪准备宰杀。夫人阻止说："我只不过说说而已，你怎么还当真了呢？"

曾子却一本正经地说："可不能跟孩子撒谎啊，小孩子没有很强的思考和判断能力，父母便是孩子的老师。现在你骗他，这是教孩子撒谎啊！母亲欺骗孩子，孩子就再也不会相信母亲了，这不是教育的方法。"

说完，曾子把猪杀掉，煮肉给孩子吃。儒家学说十分重视信誉，曾子以身作则，很好地践行了儒家的这条处世准则。

曾子晚年，卧病在床，病情严重，一会儿清醒，一会儿糊涂，随时有离世的可能。他的一个弟子坐在床边，儿子曾元、曾申坐在床脚下，还有一个童仆坐在墙角，手持火烛。

在火烛的映照下，童仆发现曾子所用的竹席华丽光洁，便脱口说道："这是大夫用的席子吧？"

曾子的弟子忙阻止童仆，但为时已晚，话已出口。曾子听到了这句话。他用尽力气说："什么？"

童仆说道："您现在铺的席子，应该是大夫用的席子。"

曾子努力张开嘴，断断续续地说道："是的，这是季孙送给我的，只是我现在没有力气换掉它。曾元啊，你过来把我扶起来，把席子换掉。"

曾元满面泪花，忍着悲痛说："您老人家的病，现在已经很危急了，不能再动，还是等到天亮，我再把它换掉吧。"

曾子急切地说道："你爱我还不如那个童仆爱我，君子爱人是用德行，小人爱人是姑息迁就。对于我来说，现在还要求什么呢？我只是盼望死得合乎礼啊！"

于是，大家扶起曾子，把席子换掉。当大家再一次把曾子扶到床上时，还没有放安稳，曾子就去世了。

曾子在病危之际，还坚持更换与自己身份相符的竹席，在更换没有全部完成时就离世了，这充分表现了曾子以身作则、恪守儒家礼制的坚定信念。

阅读链接

据说子路年轻时生性粗野，穿着另类，经常头戴雄鸡帽，身佩公猪形的饰物，并曾凌辱过孔子。有一次，他拿了一把剑，跑到孔子的课堂上乱舞，剑锋好几次差点碰到孔子的鼻尖，孔子却不气不恼，无动于衷。

子路自觉无趣，便把剑收起，准备离去。孔子这才对他说："你与其这样胡混日子，不如来我这儿读书吧！"子路却说："我生来就像一支好箭，读书干什么？"孔子说："读了书就会有学问，就像在竹箭上装上了羽毛，箭头又安上了箭镞，这样的箭就更厉害了。"子路听了不以为然。孔子很有耐心，用礼节一步一步地对子路进行潜移默化的诱导。子路也渐渐为孔子的执着所感动，偷偷地在外面听孔子讲了几堂课之后，佩服得五体投地，就穿着儒服，带着礼物，通过孔子学生的引荐，拜入了孔子门下。

子思对儒学思想的发展

子思画像

子思姓孔，名伋，是孔子的嫡孙，子思受教于孔子的弟子曾参，孔子的思想学说由曾参传子思，子思的门人再传孟子。因二者的思想有某种一致性，所以人们往往将其联系在一起，称为思孟学派。

同孔子一样，子思也很重视礼，并且身体力行遵守礼。子思得知父亲的前妻，自己的母亲去世后，就在孔氏之庙痛哭，他的门人对他说：

庶民之母死，何为哭于孔氏之庙乎？

意思是您的母亲已经改嫁，怎么还能在孔家的庙堂前哭泣呢？子思恍然大悟，连连承认是自己的过错，马上跑到别的房子里面去哭。

子思与其他许多著名儒者一样也向往国家的德治教化，并且努力实现自己的抱负。但他与孔子不同，孔子周游列国，企图游说诸侯，但处处碰壁，甚至在各国受困。子思则不然，鲁穆公请他做国相，子思则以推行自己的学说为重婉言谢绝。

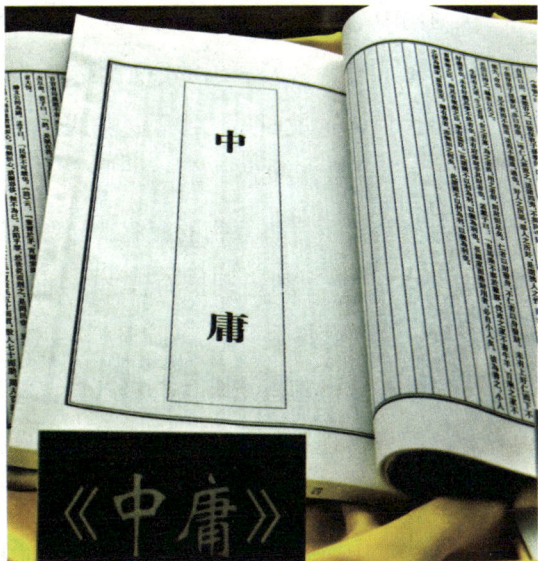

■ 《中庸》

子思的儒学思想中，最重要的就是中庸思想。"中庸"是指以不偏不倚、无过无不及的态度为人处世，"中"是"中和、中正"的意思，"庸"是常、用的意思。

"中庸"作为一种思想方法，有久远的历史。据说，尧让位于舜时就强调治理社会要"允执其中"。周公也力倡"中德"，他曾经强调用刑时要做到"中正"。在古代材料的基础上，孔子进一步提出了"中庸"的概念，把它作为最高的道德准则。

后来，子思作《中庸》一书，对孔子的中庸思想进行了系统阐述。该书全篇以"中庸"作为最高的道德和自然法则，讲述天道和人道的关系，把"中庸"

庙 在古代原是供祀祖宗的地方。那时，对庙的规模有严格的等级限制。汉代以后，庙逐渐与原始的神社混在一起，蜕变为阴曹地府控辖江山河渎、地望城池的神社。"人死曰鬼"，庙作为祭鬼神的场所，还常用来敕封、追谥文人武士。另外，圣贤逝者，可依律建庙，如孔庙、二王庙等。

从"执两用中"的方法论提升到了世界观的高度。

在子思看来，喜怒哀乐的情感还没有发泄出来的时候，心是平静的，无所偏倚，这就叫做"中"；如果情感发泄了出来能合乎节度，没有过与不及，这就叫做"和"。

"中"是天下万事万物的根本，"和"是天下共行的大道。人如果能把"中""和"的道理推而广之，那么天地之间一切都会各安其所，万物也都各遂其生了。

孔子学说以伦理思想为核心，以仁、礼等道德范畴的阐发为主要内容，鲜明地体现了儒学伦理的思想特色，但不足之处是缺乏哲学论证，思辨性较弱。

子思的《中庸》欲极微妙之致，为孔子的伦理学说提供了哲学依据。同时，也为儒学伦理思想提供了哲学依据，使之更加完备、系统和富有哲理性。子思就天道与人性两个根本问题展开论证，天道观念由来已久。夏殷两代，天命神权占统治地位。殷商之后，对这一传统

孔子讲学图

孔子讲学图

观念有所修正，提出以德配天思想，把伦理道德观念和传统天命思想紧密结合起来，为人们探索道德问题提出了一条新路。

孔子大讲道德，却回避了性与天道，子思从性和天道的角度深化孔子的伦理思想，为中庸奠定了完善的哲学基础。

在子思看来，中和即为诚，诚与中和在本质上是一致的。诚是一种精神状态，是天之道。他提出诚的概念，旨在论证天人合一。天道和人道由诚达到沟通。子思的天人合一的思想，后来经过孟子的进一步发挥，称为儒学关于天人关系的基本观点。

子思认为，要想治理好国家，管好百姓，必须从修身或诚身入手，为此，侧重于知、行两个方面。他说：

知斯三者，则知所以修身。

三者指仁、知、勇。其中，仁为根本，知是知仁，勇是行仁，发扬了儒家融治学与修德于一体的思想风格。

"知"的五种方法是"博学之，审问之，慎思之，明辨之，笃行之"，其中，前四者，即学、问、思、辨，奉行了孔子学思并重的求

笃行即忠实地去践行，就是要知行合一。慎独也是致中和的主要方法，即在独处时，同样需要谨思慎行，不能有丝毫疏忽放纵。

在子思身上表现出儒家从道不从君的主张。有一次，鲁国的国君鲁穆公问子思："什么样的人才可以称之为忠臣呢？"

子思于是不假思索地说："只有那些一直指出国君恶行的人，才可以称之为忠臣。"

鲁穆公没有想到子思敢这样回答，惊愕万分，一时无语，但是心中的不悦之情已表现在脸上。

"诚"是子思思想体系的最高范畴，也是道德准则，同时还是思孟学派思想的主要内容。子思说，"诚者天之道"，即"诚"就是"天道"，而"天道"即是"天命"。

子思认为，天命就是"性"，遵循"性"就是"道"。也就是说，"诚"既是"天命"，也是"性"，也是"道"。在子思看来，"诚"是产生万物的本源。如果没有"诚"，也就没有万物。

子思在《中庸》二十五章说：

■ 述圣子思像

鲁穆公 战国初期鲁国国君，姬姓，名显，是鲁国第二十九任君主。鲁穆公为鲁元公之子，在位33年。在位期间，他注重礼贤下士，曾隆重礼拜子思，咨以国事；容许墨翟在鲁授徒传道，组织学派，使鲁国一度出现安定局面。

诚者，物之终始，不诚无物……诚

者，非自成己而已也，所以成物也。

主观上"诚"是第一性的，而客观上存在的"物"是第二性的。以"诚"这种主观精神来说明世界的产生和发展的学说，属于一种唯心主义的思想。

子思提出的"诚"，在思想史上具有重要的意义。它将孔子伦理思想扩大化，从而成为更广泛、更唯心主义化，以至趋向宗教性的思想。这是思孟学派对儒家思想的重大发展，从而为儒家思想奠定了哲学的基础。

子思的"诚"与五行说有密切的关系。《中庸》里的"诚"就是"信"，它包含了五行的内容。子思的著作中虽然没有"金、木、水、火、土"五行字样，但其中五行说的内容的确是存在的。

阅读链接

子思认为任用人才应不拘小节，他曾推荐卫国名将苟变给卫侯说："他的才能可以率领五百辆兵车。"卫侯说："我知道他可以当将领，但苟变在做小吏时，曾向百姓征赋，还私下吃了他们的两枚鸡蛋，所以不能用！"

子思说："聪明仁智的国君选拔人才，拿官职授人，好像工匠用木材，利用它的好的地方，丢舍它的不足之处，所以像梓、杞两种围抱的优质木材，虽有几尺腐烂，能干的巧匠也不会抛弃。现在你生活的时代，迫切需要选拔辅佐的武将，怎能因为私下吃两枚鸡蛋而抛弃捍卫国家的良将，这话可万万不能让周围的国家知道啊！"

孟子对儒学思想的深化

　　子思的儒学思想后来被很多儒家人士所承袭，其中以孟子的成就最高，两人的思想在很多方面有很高的一致性。孟子，名轲，字子舆，战国中期邹国人。孟子幼年丧父，由母亲教育成人。

孟子画像

　　成名后，孟子也效仿孔子周游列国，先后游历齐、宋、薛、邹、鲁、梁等国，宣传他的王道仁政思想。随孟子游历的人很多。所到之处，普遍受到各国君臣的欢迎。

　　孟子曾任齐国卿相，后因与齐王意见不合，遂辞去卿相职位，离开齐国。孟子晚年生活在邹国，不再出游，最后老死在故乡。

　　孔丘初创的儒学在内容上比较零散，缺乏严密的论证。子思虽然有所

孟子说齐图

完善，但效果并不显著，孟子在此基础上进行了儒学理论的完善和发展，以"天"为出发点，以"王天下"为归宿，使早期儒学形成了一套较为细密的治国思想体系。

■ 孟子与齐宣王论政图

孟子继承并发展了孔子和子思的"仁政"思想，他把是否以德治思想治理国家提升到国家存亡兴废的高度来认识。有一次，魏国的国君魏惠王问孟子："魏国曾一度称雄天下，我要重振魏国雄风，要怎样做才行呢？"

孟子于是回答说："其实也不难，只要施行仁政，即使方圆一百里的土地也可以使天下归服。您如果善待百姓，减免他们的赋税，使他们有时间、有精力干农活；在家可以侍奉父母，出门孝敬长辈，这样的话，让他们拿着木棒也可以打败那些穿着盔甲、手

卿相 卿和相的统称，指某朝代的执政大臣、高官。卿是古时高级长官或爵位的称谓。汉以前有六卿，汉设九卿，北魏在正卿下还有少卿。以后历代相沿，清末始废。相在古代特指地位最高的官员。

孟子画像

堂 正房，高大的房子，可以用来表示同祖父的亲属关系。旧时官吏审案办事的地方也被称作堂，还可以用作量词。我国一些老字号的中医药店，多以"堂"相称，如"济生堂""同仁堂""长春堂""四知堂"等。

持武器的军队。"

孟子认为，当时的诸侯国都可以施行王道仁政，这是因为人性是"善"的，如果把这种善应用到管理百姓上，治理天下则是轻而易举的事情。

究竟如何施行仁政，孟子在一次与齐宣王的对话中，这样对齐宣王讲：

"我以前听说，有一次大王坐在堂上，有人牵着牛从堂下路过。大王看到后问牵牛人要把牛牵到哪里去。牵牛人回答说用它来祭钟。

"大王对牵牛人说：'放了那头牛吧！我不忍心看它惊惧抖个不停的样子！'

"牵牛人听后这样问：'那么，不祭钟了吗？'大王说：'怎么能不祭呢？用羊来替代吧！'"

齐宣王听后说："是有这么一件事。"

孟子说："凭您这样的心肠就足以统一天下啊，用羊代替牛祭钟，百姓都以为大王吝啬，我知道那是因为大王不忍心啊！"

孟子认为一国之君要施行仁政，就要进行"推恩"，即把自己的不忍之心推广到管理的各个方面，从而实现社会的治理。仁政的具体措施，有保民、养民、教民等几项措施，不仅要让百姓生存，更要让他们有教养，这样就会确保王道仁政。

孟子提出的一套仁政主张，成为儒家政治思想的重要内容。孟子重视民心向背，他提出了君轻民贵的口号。孟子认为君主想实现仁政，应该以使人民心悦而诚服为目标，国君做出重大决定时，应认真听取国人意见。

随着儒学在社会意识形态中逐渐确立起统治地位，仁政几乎成为所有统治者所尊崇的施政目标。

孟子十分擅长辩论，孟子的整个思想体系就在不停的辩论中呈现出来。孟子的"人禽之辨"是其学说中的一个重要组成部分，是孟子思想体系得以建立的前提条件。

孟子认为，人与禽兽的主要区别在于是否有"四心"，即恻隐之心、羞恶之心、辞让之心和是非之心，有此"四心"即为人，否则即是禽兽。

仁政 一种儒家思想，是儒家思想代表孟子从孔子的"仁学"继承发展而来的，是孟子学说中的"民本""仁政""王道"和"性善论"等政治理想之一。

■孟子孝亲壁画

《孟子》古籍

儒学根源

儒学历史与文化内涵

五行学说 将古代哲学理论中以木、火、土、金、水五类物质的特性及其生克制化规律来认识、解释自然的系统结构和方法论运用到中医学而建立的中医基本理论，用以解释人体内脏之间的相互关系、脏腑组织器官的属性、运动变化及人体与外界环境的关系。

孟子在"人禽之辨"的基础上，又与当时的思想家告子等人进行"人性之辨"的探讨，提出"性善论"的观点，而性善论是孟子整个思想体系的理论基石。

此后，孟子的"王霸之辨""义利之辨""经权之辨""舜跖之辨"等，都是以其性善论为基础展开的，从而构成了孟子的整个思想体系。

孟子对于儒家道德哲学有着创造性贡献，他将"仁"推进到"义"，在孔子提出的"爱人"普遍原则的基础上具体解决了如何爱人的问题。孟子认为：仁，人心也；义，人路也。仁义合一，居仁由义，是现实的伦理与合理的道德。

从孟子开始，"义"便在道德哲学体系中具有了特别重要的地位，从而形成了儒家以仁、义为核心和标识的道德哲学体系。

孟子将"羞恶之心"提高到"义之端也"，即提高到"义"的根源地位，也就将羞耻心与道德直接同一，将它当作道德的现实性与道德合理性的基础。孟子特别强调"耻"对于德行的重要意义。他说：

耻之于大人矣！为机变之巧者，无所用耻焉，不耻不若人，何若人有？

此外，孟子还强调说：

人不可以无耻矣，无耻之耻，无耻矣。

孟子强调人的尊严和独立人格的重要性，鄙视依附权贵、屈服威势的行径，他鼓励人们通过道德修养达到崇高的思想境界。在面对强权威势时，要宁肯舍生取义，决不改变人生信念。

孟子还深化了孔子提出的性与天道，为儒学提供了理论根据，并首开儒学哲学化先河，使之成为宋明理学探讨的中心问题。

儒家主要重视追求人生的价值，孔子一生积极倡导和孜孜以求的就是要通过道德培养，以求得理想人格的完善与实现。孟子发挥了这一思想，着力探讨道德的社会作用和道德的修养问题，提倡理想人格的培养，提出了许多影响深远的思想命题。

孟子思想中也蕴含着五行学说，孟子所说的"仁""义""礼""智""圣"就是五行。"圣"是什么呢？就是"诚"。孟子说"圣人之于天道也"，"诚"就是"天道"，"圣"就是"诚"，就是中道。

一脉相承　思孟之学

宋明理学 亦称"道学"，指宋明时期也包括元及清时代，占主导地位的儒家哲学思想体系。汉儒治经重名物训诂，至宋儒则以阐释义理、兼谈性命为主，因有此称。北宋初胡瑗、孙复、石介，并称为"理学三先生"。

■ 孟子画像

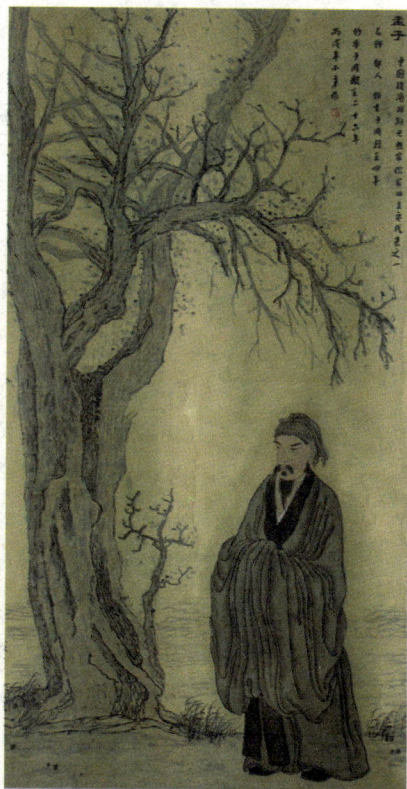

子思首先提出"诚"的哲学概念，它是居于五行之中央位置的。孟子继承子思的思想，把"诚"发展为"圣"，并使思孟学派的五行说定型为"仁""义""礼""智""圣"。

子思和孟子还认为，在"仁、义、礼、智、圣"这五行之中，"仁、义"是一组，而其中"仁"又是根本的。"智、圣"是一组，其中"圣"更高明。这两组中，前者又是根本，后者是对前者的理解和力行。

在另一方面，他们又认为"仁、义、礼、智"四行，以人为对象，而"圣"独以天道为对象。总之，思孟学派的五行说，把构成世界的金、木、水、火、土五种物质元素赋予了伦理道德的内容，把过去具有朴素唯物主义的五行说唯心主义化了。这种思想对阴阳家有很大的影响。

孟子是儒家学说、儒家思想的集大成者，地位仅次于孔子，被尊为"亚圣"。他的思想主张对于发展和巩固新兴的封建制度，实现全国统一，起到了推动作用。

阅读链接

孟子在学问上取得巨大的成就，与他的启蒙教育关系重大，他的母亲孟母曾为了使他受到良好的教育而三次搬家，这就是闻名天下的孟母三迁的故事。

孟子小的时候非常调皮，最初他和母亲住在墓地旁边。孟子就和邻居的小孩一起学着大人跪拜、哭嚎的样子，玩起办理丧事的游戏。孟母就带着孟子搬到市集旁边去住。到了市集，孟子又和邻居的小孩学起商人做生意的样子，一会儿鞠躬欢迎客人、一会儿招待客人、一会儿和客人讨价还价，表演得像极了！孟母就又带着孟子搬到了学校附近。孟子开始变得守秩序、懂礼貌、喜欢读书。这个时候，孟母才很满意地点着头说：这才是我儿子应该住的地方呀！

荀子对儒学思想的创新

荀子生活在公元前325年到公元前235年，是继孟子之后，儒家另一代表性人物，对儒家思想的传播和发展作出了巨大贡献。荀子名况，赵国人。西汉时因避汉宣帝刘询讳，且"荀"与"孙"二字古音相通，故改称孙卿。

齐国的国都临淄是一个非常繁华的大都会。在临淄城南有一座山叫稷山，山上苍松翠柏，郁郁葱葱，是个风景秀美的地方。齐国都城面对稷山的那座城门便叫做稷门。

大约在战国齐桓公田午执政时，齐国在稷门之下，距离王宫不远的地方修建了一所学宫，称为稷下学宫。

荀子画像

前来稷下学宫的士人，不分学派，也不论年纪，齐国都给予优待，锦衣玉食，车马迎送，并授予"上大夫""列大夫"等称号，让他们议论学术、探讨国事，肆意评议时政，而国君对他们的言论不予干涉。

齐国的这个举措，吸引了很多士人来到稷下学宫。士人中包括很多当时有名的学者，邹衍、淳于髡、孟子、鲁仲连等人都曾前往稷下学宫，他们或精于天文、地理，或长于政治、军事，或通于文学、言语，他们的到来，使齐国稷下成为战国时期最为著名的学术重镇。

当时儒家的另一代表人物荀子，在齐襄王末年，也踏上了齐国的土地，来到稷下。此时的荀子，年已五十岁，有过长期的游学经历，其声名在当时已颇显赫。

荀子来到稷下时，田骈、邹衍等有名的学者都已去世，从声望以及学术造诣方面来讲，荀子都是当时学术的佼佼者，无出其右者。

荀子曾三次担任学宫祭酒。学宫举行宴会时须先行祭祀，由一人主持祭祀，主持祭祀的人便是"祭酒"。能担任祭酒之职的，通常是公认的年长位尊的学术领袖。

荀子出身于儒家，尊崇孔子的传统，但是，他广泛吸取了诸子百家的思想精华，同时对各个学派做出了深刻述评，也正由于此，荀子的儒学思想和孔子、孟子有很大的不同，他对子思、孟子一派儒家思想持批判态度。

荀子建立了自己独具特色的思想体系，他对于祈神求鬼以求得富贵之事和迷信习俗进行了深入的批判。他写了一篇文章叫《天论》。

他在《天论》中指出：天星坠落、社木鸣叫、日蚀月蚀、风雨不调等现象，人们不了解其原因而感到奇怪是正常的，但若畏惧这些现象则是没有必要的。对这些现象，荀子解释说：

是天地之变，阴阳之化，物之罕至者也，怪之可也，而畏之非也。

意思是这些现象是天地的变动，阴阳的交替，事物变化的现象罢了，觉得奇怪可以，但对此感到畏惧，就没有必要了。

荀子认为最可怕的是"人妖"，统治者"政令不明、举措不时、本事不理"所造成的灾祸才最可怕。

田骈 战国时思想家，又称陈骈，齐国人，与田齐宗室出于同姓。他本学黄老，借道明法，曾讲学稷下，雄于辩才。他主张"齐万物以为首"，要求摆脱各自的是非利害，回到"明分""立公"的自然之理，从"不齐"中实现"齐"。

学宫 即现在所讲的学校。"学宫"一词最早在西周时期已经出现，与后世经常使用的"辟雍"一词意义相同，是周天子设立的大学，专门用来讲学的场所。其建筑群平面布局与孔庙形成的庙学建筑群类似。

一脉相承 思孟之学

《荀子·劝学》

于无祸。是正直神之听之，介尔景福。神莫大于化道，福莫长于无祸。子无恓，安息靖共尔位，好是正直，诗曰：嗟尔君子，无恒安息。教使之然也，故君子博学而日参省乎己。之子生而同声，长而异俗，教使之然也。知学问之大也。干越夷貉之子，生而同声，长而异俗，厚也不闻先王之遗言，不知学问之大也。高也不临深溪，不知地之厚也。吾故不登高山，不知天之高也。省乎己则知明而行无过矣。礪则利，君子博学而日参省乎己，则知明而行无过矣。然也，故木受绳则直，金就砺则利。有槁暴，不复挺者，輮使之然也。绳其曲中规，虽有槁暴，不复挺者。水取之而寒于水。木直中绳，輮以为轮。青取之于蓝，而青于蓝，冰，水为之，而寒于水。君子曰：学不可以已。青，取之于蓝，而青于蓝。

勸學篇·荀子

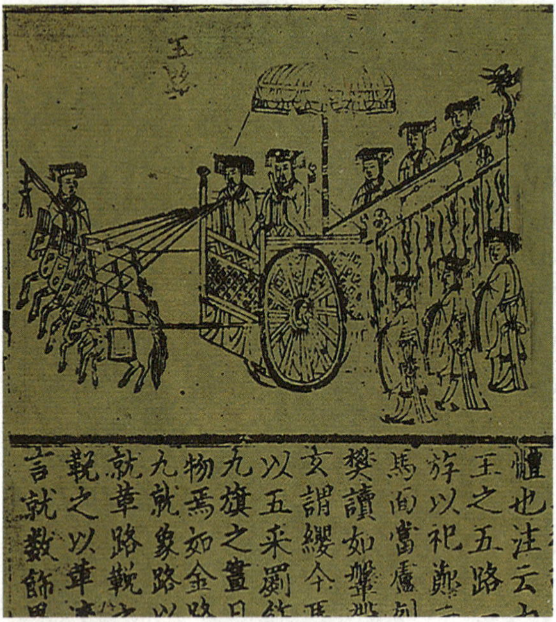

■ 荀子礼论天子大路图

儒学根源

儒学历史与文化内涵

只要政治清明，人们不迷信，就是有了自然灾害也不会造成太大影响。

荀子曾明确地说，天对于所有的人都是一样的，"不为尧存，不为桀亡"，圣王、暴君都与天无关。荀子的这个观点对于传统的天命观显然是巨大的冲击。

荀子的人性论与孔子不同，更与孟子截然相反。孔子只说性相近，习相远，孟子明言人性本善，荀子却指出"人之性恶，其善者伪也"。他批评孟子的性善说是"不及知人之性而不察乎性伪之分"，核心意思是人生来性恶。

如果说，孟子只是看到了在血缘关系中，父子、兄弟之间仁爱的一面，荀子则看到了在现实生活中人与人之间相互争夺的一面。

荀子和孟子对人性的思考有许多共同之处，二人都认为人的本性是先天造就的，与后天的影响没有关系。荀子这样说：

性相近，习相远
出自《论语》，意思是人在刚出生时，本性都是善良的，性情也很相近。但随着各自生存环境的不同变化和影响，每个人的习性就会产生差异。

凡性者，天之就也，不可学，不可事。

虽然荀子强调性恶的一面，但他并没有说人性都是恶的，相反，他一再论述，人性中有非恶的一面。

荀子认为人性恶，在人身上表现出的善是后天所为，因此后天的培养对一个人来说更为重要，人只有通过学习才能获得善。人在不断的后天学习中，培养自己的品德，完善自己的人格，实现自己的理想。

荀子针对孟子"法先王"的思想，提出了"法后王"的主张。他认为，历史不断发展，先王之道渺茫，古代事情很难考察，只有后王制度和事迹明白可见，便于效法。

他强调，在历史发展过程中，必然存在新旧交替，人们应根据现实需要去对待历史，不要拘泥不化、一味复古。

在儒家思想中，礼是指社会等级制度、道德规范和礼节仪式。在孔孟思想体系中，礼和道德密不可分，这在孟子思想中更为突出。

荀子从物与欲的矛盾入手，分析了由此引起的人与人之间的矛盾。将礼的形成根源追溯到人的经济生活，其中包含着重视现实生活的深刻见解。

关于礼的本质，荀子认为礼是一种区别等级、划分名分和职分的标准。

关于礼的作用。荀子指出，礼的根本作用就是"天人相分"，他说：

荀子浮雕像

人无礼则不生，事无礼则不成，国家无礼则不宁。

荀子画像

大意是人不守礼就没法生存，做事没有礼就不能成功，国家没有礼则不安宁。在荀子看来，礼的作用不仅在于指导个人的修身，也是国家政治的需要，统治者要通过礼来实现自己的统治。礼制对于人、事、国有着重大意义。

荀子在继承儒家礼治基本精神的同时，为了适应中央集权的封建制度即将形成的历史趋势，对礼治思想做了较大改造与发展。

荀子是先秦时期最后一位儒学大师，他综合百家，改造儒学，其学说对后代思想影响深远。他建立了自己独具一格的思想体系，通过毕生的学术活动，为儒学发展做出了巨大贡献。

阅读链接

荀子的思想影响深远，但其哲学思想和政治主张在他生前却很难推行。荀子曾去秦国，他对秦国的山川、风俗、吏治大加赞赏，但同时也指出其不注重儒家礼制的隐患。秦昭王志在天下，强调结果，对儒家的这一套礼乐制度不感兴趣，因此，他对荀子的建议不作理会。

荀子在游秦之后重返齐国稷下，当时齐国社会较为安定，呈现出复兴的转机。荀子向齐相田单进献强国之策。荀子指出，齐国虽复国，但还存在着一些隐患。荀子抨击时政，受到齐人的谗言围攻，无奈之下，荀子只好离开稷下，前往楚国。在楚国，荀子虽然出任兰陵令，但后来也被免职，从此再也没有出仕，以著书讲学为生。

两汉儒学

战国时期，思想文化空前活跃，各种思想流派百家争鸣，其中儒学得到了快速发展。秦代，随着封建国家的统一，中央集权制成了当时社会的政治统治形式。为了利于管理，秦始皇下令焚书坑儒，全国实行法家式管理。进入汉代，汉代统治者努力寻找有利于其统治的思想体系，儒学渐渐被推到了历史舞台中心。

董仲舒"天人三策"全面论述了以儒家礼治思想作为治国根本策略的必要性，并设计了儒学复兴的具体途径，此后，儒学逐渐与汉代政治结合，成为社会的主要思潮，也成为维护君权的理论支持。

董仲舒提出公羊学理论

董仲舒画像

汉初，黄老思想占统治地位，其清静无为的思想有利于缓和阶级矛盾，治疗战争创伤。

汉武帝时期，国内经济繁荣，政治统一，这种社会状况急需建立一种与其适应的思想体系。儒学就是在这样情况下被推上了历史舞台。

大约在公元前134年，汉武帝下诏征召贤良文学之士，并由他亲自策问。在征召策问中，一代大儒董仲舒受到了汉武帝的亲自接见。

董仲舒约生于公元前179年，对儒学颇有研究。董仲舒弟子众多，据说，有的弟子甚至没有见过他的面。

在策问中，汉武帝先后以天命、帝王之道及治世之道为题进行策问。董仲舒一一进行了回答，这3个对策，就是著名的《天人三策》。

在第一次策问中，汉武帝询问：怎样才能得到天帝的授权？

董仲舒对这个问题曾经进行过深入的考虑，他在奏章中把自然的发展变化和上天的意志合为一体，把皇权统治和天的意志结合起来。

董仲舒在奏章的一开头就说，上天总是将自己的意志体现于人世间。随后，他又把儒家的一套重复了一遍，并提出了自己的主张。

他建议汉武帝广设学堂，在国都设立太学进行教育，在县邑设立县学、乡学实施教化，用仁来教育人民，用义来感化人民，用礼来节制人民。

奏章中，董仲舒一再向汉武帝表明，要想大治天下，实现他的政治理想，必须首先从思想上改变，使全国上下在思想上达到统一，这才有大一统的希望。

汉武帝看到董仲舒的对策，感到十分惊奇，他异常高兴，因为终于发现了最适合自己的思想基础。他对董仲舒非常满意，很欣赏他的才干。

■ 汉武帝画像

黄老思想 我国战国时的哲学、政治思想流派。传说创始人为黄帝和老子，故名黄老思想。黄老之学始于战国盛于西汉，假托黄帝和老子的思想，实际上为道家和法家思想结合，并兼采阴阳、儒、墨等诸家观点而成。黄老之学继承、改造了老子"道"的思想，在汉初产生了一定影响。

■ 董仲舒雕像

策问 汉代的一种授官制度，也是一种文体。汉代被举荐的吏民是经过皇帝"策问"后按才能高下授官的。有所谓"对策"和"射策"。"对策"是将政事或经义方面的问题写在简策上，发给应举者作答；射策则类似抽签考试，由应举者用矢投射，并解释射中的疑难问题。后来，"策问"的形式定型了，后世把它看成一种文体格式。

第二次策问，汉武帝就古代帝王的"劳"与"逸"的问题，"奢"与"俭"的问题，还有"质朴"和"雕琢"的问题进行策问。

实质上汉武帝提出了一个非常现实的问题，国君治理国家是"有为而治"，还是要"无为而治"，到底哪一个更正确。

对此，董仲舒在奏章中，进一步阐述了自己的政治观点。字里行间无处不充溢着孔孟的儒家思想。最后得出结论说："由此看来，帝王治国的道理是一致的，然而之所以有'劳'和'逸'之分，主要是因为他们所处的时代不同的缘故。"

君王的"劳"和"逸"是因为时境的变化。对于"奢"和"俭"的问题，他引用孔子的话回答说："所以孔子说：'奢则不逊，俭则固。'"用以说明

"俭"是自古治国的一项重要原则，对国家的兴亡有着深远的意义。

董仲舒用大量篇幅向汉武帝建议实行有为的政策。他认为历史上有为的帝王能做到"有为而治"的话，便天下升平；相反，如果做不到的话，便会天下大乱。而能做到有为的帝王，正是与儒家的主张相符合的；不能做到的帝王，则与儒家的主张相背离。

这样，董仲舒就又一次把儒家思想灌输给了汉武帝。董仲舒的尊儒兴教的主张渐渐赢得了汉武帝的充分信任。

第三次策问，汉武帝是就治世之道进行策问的。在第三次策问中，董仲舒在奏章的末尾说：

《春秋》相传是由孔子修订的鲁国的编年史。儒家典籍之一，被列为"五经"之一。语言简练且暗含褒贬之意，被后人称为"春秋笔法"。后来出现很多对《春秋》所记载的历史进行详细记录的"传"，较为有名的是被称为"春秋三传"的《左传》《公羊传》和《谷梁传》。

社会思潮

两汉儒学

《春秋》大一统者，天地之常经，古今之通谊也。今师异道，人异论，百家殊方，指意不同；是以上亡以持一统，法制

■ 董仲舒建言汉武帝

阴阳家 流行于战国末期到汉初的一种思想学派，齐人邹衍是其代表人物。《史记》称其："深观阴阳消息，而作迂怪之变。"《吕氏春秋》则直接受到邹衍学说的影响。邹衍的阴阳家思想表现在将自古以来的数术思想与阴阳五行学说相结合，并试图进一步地发展，用来建构宇宙形式，阐释自然现象的成因及其变化规律。

教变，下不知所守。臣愚以为：诸不在六艺之科、孔子之术者，皆绝其道，勿使并进。辟邪之说灭息，然后统纪可一，而法度可明。民知所从矣。

其思想的核心是"大一统"，凡是不在六艺之科、孔子之术的各家学说，都要从博士官学中去除。这就是"罢黜百家，独尊儒术"的主张。

董仲舒认为大一统天经地义，不可改变，只有有了统一的思想，才可以制定统一的法制、号令，因此，不利于统一的思想，都必须要加以禁止，然后才能上下一致，保证法制号令、规章制度的畅行。

董仲舒画像

在三次策问中，董仲舒既回答了皇帝的提问，又提出了自己的建议。面对董仲舒的回答，汉武帝十分满意。他决定按照董仲舒的建议"罢黜百家，独尊儒术"，并由此采取了一系列改革措施。

董仲舒的这种"君权神授"和"大一统"的思想在《春秋公羊传》中有明显的体现。《春秋公羊传》简称《公羊传》，又称《公羊春秋》，相传是子夏的弟子公羊高所传，至汉景帝时其后人著于竹帛，写成文本。该书以阐明《春秋》的微言大义为主，在阐释经义时大加发挥，以经典的阐释来解决现实问题。《公羊传》提倡大一统，主张尊奉王室，维护统一。

董仲舒以《公羊春秋》为依据，将周代以来的宗教天道观和阴阳、五行学说结合起来，吸收法家、道家、阴阳家思想，建立了一个新的思想体系，成为汉代的官方统治哲学，对当时社会提出的一系列哲学、政治、社会、历史问题，给予了较为系统的回答。

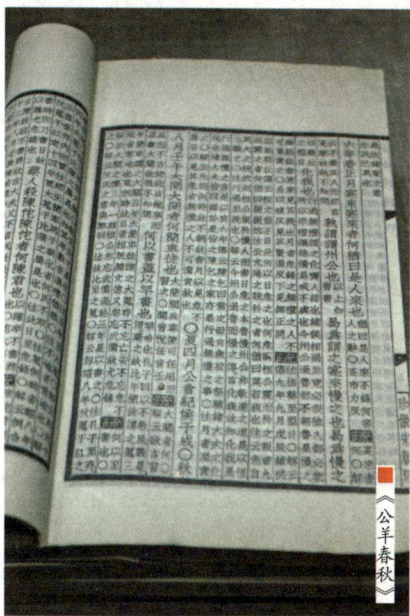
《公羊春秋》

在以董仲舒为首的儒学家的大力推动和影响下，汉武帝独尊儒术，他所重用的董仲舒、公孙弘等人的学术渊源都出自齐地，属于齐学系统，而且他们都是《公羊传》专家，以致公羊学极为兴盛，影响巨大。

阅读链接

董仲舒30岁时开始招收学生，精心讲授儒学。他讲学时，在课堂上挂上帷幔，他在帷幔里面讲，学生在帷幔外面听。同时，他还经常叫他的得意门生吕步舒等转相传授。这样，很多人跟他学了多年，甚至没有跟他见过面。

通过讲学，董仲舒为汉王朝培养了很多人才，他的学生后来有的当了诸侯王国的国相，有的成了长吏。由于董仲舒广招门生，宣扬儒家经典，他的声誉也日益传播，在汉景帝时当了博士，掌管经学讲授。

董仲舒创立汉代新儒学

　　董仲舒根据《公羊春秋》的记载，提出了"大一统"论。他在《天人三策》中说："《春秋》所主张的大一统，是天地的常理，适合古今任何时代的道理。"

董仲舒画像

　　"大一统"既然是宇宙间最普遍的法则，那么封建王朝当然要遵循。这就是董仲舒所要设立的政治哲学的核心。他根据"大一统"的普遍法则，提出了思想也要"大一统"的论点。

　　只有思想统一才能有统一的法度，百姓才有行为的准则，这样才能维护与巩固政治的统一。只有政治统一了才能长治久安。当时汉代的政治是统一了，但不稳固。统一思想成了大一统的关键。于是，董仲舒多次强调要用孔子儒学统一天下的思想。

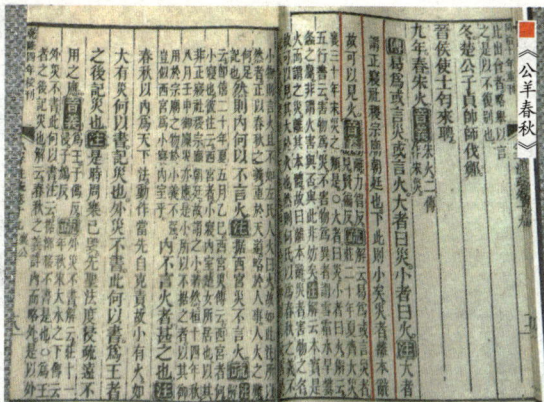

汉武帝采纳了董仲舒思想要大一统的建议之后，施行了"罢黜百家，独尊儒术"政策，在汉代思想界树起了儒学的权威，产生了中国特有的经学以及经学传统。汉代立五经博士，明经取士，形成经学思潮，董仲舒被视为"儒者宗"。

在三次与汉武帝对策后，董仲舒被汉武帝派到江都易王刘非那里当国相。刘非是武帝的哥哥，是个粗暴、蛮横的武夫。但因为董仲舒当时声望很高，是举国知名的大儒，所以刘非对董仲舒非常尊重。

刘非希望董仲舒要像管仲辅助齐桓公一样来辅助自己，以篡夺中央政权。但董仲舒是主张"大一统"的，因此，对于刘非的请求，他借古喻今进行了规劝，指出"仁人，做任何事情都是为了匡扶正义而不是为了个人的利益，明确了解自己的道义准则而不贪图功劳"。暗示刘非不要称霸。

董仲舒借"天人感应"来说明对国家的管理。他把《春秋》中所记载的自然现象，都用来解释社会政治衰败的结症。

他认为，人君为政应"法天"行"德政"，"为政而宜于民"，否则，"天"就会降下种种"灾异"以

五经 指儒家的五圣经，即《周易》《尚书》《诗经》《礼记》《春秋》。五经通常和四书合称，是儒家经典著作的代表，四书指《论语》《孟子》《大学》《中庸》。

管仲 姬姓，名夷吾，字仲，谥敬，被称为管子、管夷吾，今安徽省颍上县人，春秋时代齐国的政治家、哲学家、军事家。管仲少时丧父，生活贫苦，为维持生计，与鲍叔牙合伙经商；后从军，到齐国，经鲍叔牙力荐，为齐国上卿，有"春秋第一相"之誉。

■ 汉武帝蜡像

教化 是一种政治、道德和教育三者有机结合的统治术。它把政教风化、教育感化、环境影响等有形和无形的手段综合运用起来，既有皇帝的宣谕，又有各级官员面命和行为引导，还有立功德碑、竖牌坊、传播通俗读物等多种形式，向人们正面灌输道理，又注意结合日常活动使人们在不知不觉中达事明理。

"谴告"人君。如果这时人君仍不知悔改，"天"就会使人君失去天下。

董仲舒的"天人感应"论借用"天"来戒惧皇帝，限制皇权，使之自敛。他为什么要采用"天人感应"的形式来戒惧皇帝呢？因为，西汉时期社会科学水平低，天命论在人们思想中的影响极深，董仲舒就采用了"天"来限制皇帝个人的私欲。

从这方面来看，董仲舒"天人感应"的思想限制了皇帝的私欲和权力，从而为整个封建社会的长治久安作出了重要的贡献，其意义是深远的。

为了加强封建统治阶级专政，防止社会进一步动乱，防止农民起义，董仲舒吸取秦朝灭亡的教训，提倡德治，革除秦朝时的弊政，进行"更化"。

董仲舒的"更化"思想，是以儒家的礼义仁德来限制对人民剥削，维持和巩固汉王朝统治阶级专政。

他提出：实行礼义，布施仁德的政策，以德治理为主，重视"教化"，主张用仁德代替严刑。

董仲舒甚至把"德治"视为巩固封建统治的基本治国原则。他上疏汉武帝：作为帝王应该秉承上天的意志行事，因此，应该用仁德的教化而不是用刑法治理，以"德治"为主，"法治"为辅。

汉武帝建元六年，皇帝祭祖的地方长陵高园殿、辽东高庙发生了大火，董仲舒认为这是宣扬天人感应的好机会，于是带病坚持起草了一份奏章，以两次火灾说明上天已经对汉武帝发怒。

结果奏章还没上，正巧朝廷大臣主父偃到董仲舒家做客，看见奏章，因嫉妒董仲舒之才，就把奏章草稿偷走，交给了汉武帝。

汉武帝看后大怒，决定将董仲舒斩首。后怜其才，又下诏赦免。从此，董仲舒不敢再说灾异之事，

主父偃 汉武帝时大臣。汉武帝为了加强皇帝的专制权力，在宫中设立内朝，主父偃在内朝备武帝顾问。他认为应该加强中央政令的推行，因此向武帝建议，令诸侯不得私自分封子弟为侯，这样王国自析，诸侯王的权力也随之削弱。

■ 汉武帝、董仲舒等蜡像

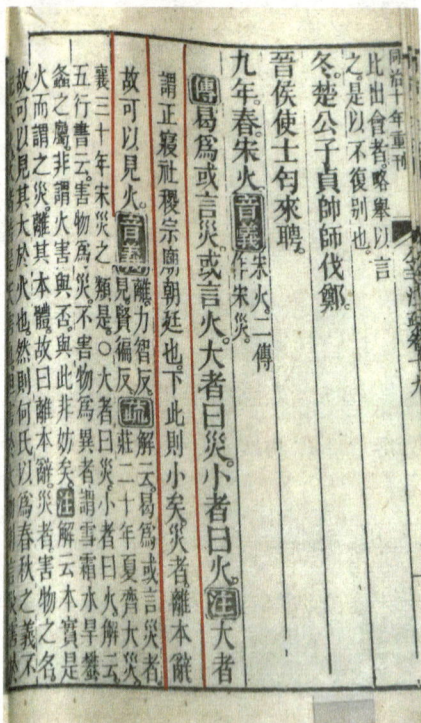

■《公羊春秋》

上疏 在朝官员专门上奏皇帝的一种文书形式。上书言事是儒臣规谏君主、实施伦理制衡的重要方式。臣民上书可以分为"上书""上疏"和"上封事"3类。"上书"是臣民向皇帝进言所采用的最常见的形式。"上封事"则是向皇帝进谏带有机密性文书。

又从事起教学活动，又教了十年的《公羊春秋》。

汉武帝元朔四年，公孙弘又推荐董仲舒做胶西王刘瑞的国相。刘瑞也是汉武帝的哥哥，他比刘非更凶残、蛮横，过去不少做过他国相的人都被其杀掉或毒死。因董仲舒是知名的大儒，刘瑞对他还比较尊重。

董仲舒一直提心吊胆，小心谨慎，唯恐时间长了遭到不测，任职四年后以年老有病为由，辞职回家。这次辞职也就结束了他的仕途生涯。

董仲舒暮年清心寡欲，只是埋头读书、著作，虽然辞去了官职，但朝廷有大事，还常派人到他家向他请教。后来，张汤把询问董仲舒的部分材料，整理为《春秋决狱》一书。

董仲舒虽然养病在家，但仍十分关心朝政大事，他还常常就重大时政发表看法，上疏献计献策。当时关中农民不好种麦，他建议多种冬小麦，以避饥荒；还针对"富者田连阡陌，贫者无立锥之地"的现象，建议限民占田，抑制土地兼并。

在临终之前，董仲舒还写奏章给汉武帝，坚决反对盐铁官营的政策。

董仲舒总结了自己50余年治学的心得体会，加上对《春秋公羊传》等的研究，最终写成了17卷82篇《春秋繁露》。

其中，说《春秋》的共有16篇，讲天道阴阳五行的32篇，其余为郊祀及其他内容。

《春秋繁露》是董仲舒的政治哲学著作，它发挥"大一统"之旨，阐述了以阴阳、五行为骨架，以天人感应说为核心的哲学——神学理论，宣扬"王道之三纲可求于天"的赤、黑、白三统循环的历史观，为汉代中央集权制度的建立奠定了理论基础。

董仲舒把"四权"和"三纲五常"在书中做了归纳，在《基义》中用天地、阴阳之道论证了三纲，他说君为臣纲、父为子纲、夫为妻纲是上天的意志。

他的"三纲五常"论是维护封建宗法制度的核心，也是原生儒学的核心，因此，董仲舒一直被宋元明清诸朝代帝王所尊崇。

董仲舒从儒家思想出发，在书中表达了"仁义"的改良主张。在《仁义法》篇中，他解释"仁义"为"爱人""克己"。在《制度》篇中，他还指出土地兼并是社会等级破坏、农民贫困作乱的原因，还主张废除奴婢制。

儒学从产生之日起，它的

奏章 我国古代时期，大臣向皇帝进言或汇报事情时所使用的文书，是大臣和皇帝之间交流的主要途径。在奏章中，大臣可以向皇帝表达自己对于朝政的意见或其他事情的看法或建议等，是否认真批复奏章也是区分一位皇帝是否贤明的重要标志。

079

社会思潮

两汉儒学

■董仲舒雕像

内涵就时刻发生着变化。创始人孔子首创"仁学"，把人提到了哲学的高度进行论述。孟子把孔子的"仁学"发展成为"仁政"学说，使儒家学说同齐家治国结合起来。

董仲舒把儒学理论推向了一个新的阶段，他把儒家的"天人合一"的思想，发展成为宇宙构成论体系，使儒家向往的"人与天地参"的世界观得到了具体落实。

董仲舒宇宙构成论体系的建立，是儒学神学化的重要标志。儒学经过董仲舒的改造，开始演变成一个兼综阴阳刑名之学的理论体系。

汉武帝太初元年，公元前104年，董仲舒在家中病逝，葬于长安西郊。据说有一次汉武帝经过他的墓地，为了表彰其对汉王朝的贡献，特意下马致意。由此，董仲舒的墓地，又名为"下马陵"。

在历史上，董仲舒创造的新儒学体系有着重要地位，它不但成为以后众多封建王朝理国治民的宗法性思想，同时也为下一时期魏晋玄学和宋明心性论做了理论上的充足准备。

阅读链接

董仲舒少年时酷爱学习，读起书来常常忘记吃饭和睡觉。他的父亲董太公决定在宅后修筑一个花园，让孩子能有机会到花园散散心休息一下。

第一年，花园动工，园里阳光明媚、绿草如茵、鸟语花香、蜂飞蝶舞。姐姐多次邀请董仲舒到园中玩。可他手捧竹简，只是摇头，继续学孔子的《春秋》。第二年，小花园建起了假山。邻居、亲戚的孩子纷纷爬到假山上玩。小伙伴们叫他，他动也不动低着头，在竹简上刻写诗文。第三年，后花园建成了。亲戚朋友携儿带女前来观看。父母叫董仲舒去玩，他只是点点头，仍埋头学习。

随着年龄的增长，董仲舒的求知欲愈见强烈，遍读了儒家、道家、阴阳家、法家等各家书籍，终于成为儒学大师。

大行其道的谶纬神学

081

社会思潮

两汉儒学

西汉后期，政局动荡，谶纬兴起。谶纬渐渐与政权紧密结合在一起。谶，是预言吉凶而有应验的隐语，也叫谶语、谶记或符命，有图的谶叫图谶。

在汉代之前，谶便产生。最早的谶语是秦谶。秦穆公曾借上帝之口说：

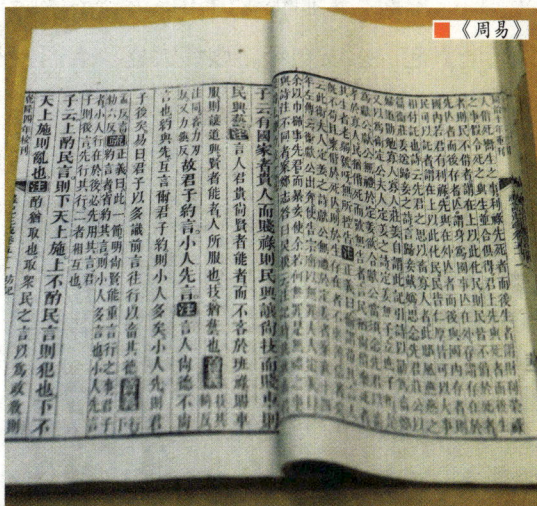
《周易》

晋国将大乱，五世不安；其后将霸，未老而死；霸者之子且令而国男女无别。

这三句话包含了晋国的晋献公之乱、晋文

汉光武帝刘秀画像

公称霸等重大事件，这些事件后来在历史中都得到了验证。

谶语之人一般都是托名天帝或神仙，用简练的隐语，预示尚未成为事实的"天机"。

与"谶"具有相似神秘性的是"纬"。"纬"本义是指织物的横线，与"经"相对，后来用以指以神学观点对经典所作的解释、附会。

"纬"大约出现在西汉，是假托孔子对儒家经书所作的神学解释，也叫"纬候"。

起初，谶是谶，纬是纬，二者并无关联。谶的内容多限于政治兴亡，纬的内容则更加广泛复杂。由于谶与纬都具有神秘性，后来二者逐渐合在一起。

西汉中期，人们很少引用谶语，后来随着社会动乱加剧，谶纬之说渐渐兴起。东汉初年，谶纬大盛。人们普遍认为，谁能符合谶语，谁便是"真命天子"，可以登上大位。

公元22年，南阳一带发生饥荒，当时还是一介平民的刘秀见他的哥哥刘绩手下的门客抢劫犯法，刘秀为了免受牵连，跑到新野的姐夫邓晨家中暂住。后来到宛县卖粮时，偶遇当地豪杰李通。李通以"刘氏复起，李氏为辅"的谶语劝说刘秀起兵，说刘秀有天子之相。刘秀这才购置兵器，招兵买马，正式起兵。

刘秀起兵还与另一条谶语有关。有一天，刘秀与姐夫邓晨到别人家做客，看到桌子上有一本谶书，书中有一条写道："刘秀当为天子。"这条谶语在当时十分流行，担任王莽国师的大学者刘歆为此还专门改了名字，以使自己符合谶语。

人们看到这条谶语，一般都想到国师刘歆。这时，却听刘秀笑着说："安知非仆？"意思是说，怎么知道谶书中的刘秀就不是我呢？

刘秀一向为人朴实，似乎也没有什么政治野心，大家当是开玩笑，一笑了之。没想到，几年后竟然一语成谶。

刘秀成功起兵后，于公元25年6月，在河北鄗城登上帝位，做了东汉的开国皇帝。刘秀本是儒生，建国后，即在洛阳修建太学，设立五经博士，恢复西汉时期的十四博士之学，各以家法传授诸经。

他还经常到太学巡视，和学生交谈。在他的提倡下，许多郡县都兴办学校，民间也出现很多私学。巡幸鲁地时，他曾派遣大司空祭祀孔子，后来又封孔子后裔孔志为褒成侯，以示尊孔崇儒。

不仅如此，针对西汉末年官僚名士醉心利禄的现象，刘秀多次下诏表彰隐居不仕的士人，赞扬他们的高风亮节。

刘秀在成功当了皇帝之后，更加崇信谶纬。谶纬之学遂成为东汉统治思想的重要组成部分，具有高度的神圣性。他还在公元56年，正

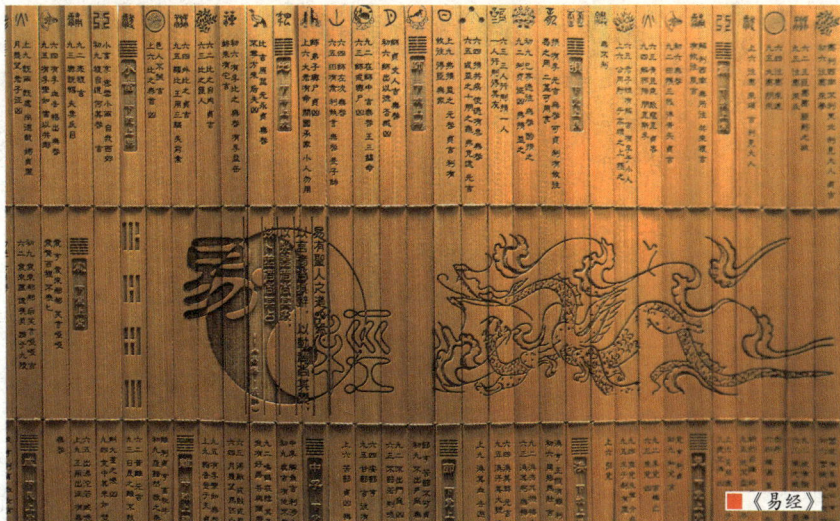

《易经》

式"宣布图谶于天下"，使谶纬成为国宪。

当时用人施政及其他各种重大问题的决策，都要依照谶纬来决定。对儒家经典的解释，也要向谶纬看齐。如果不引用谶纬，经书的权威性就要受到质疑，以致五经成为"外学"，而七种代表性的纬书反而成为"内学"。

七种代表性的纬书分别是：《易经》《书纬》《礼纬》《乐纬》《孝经纬》和《春秋纬》。《易经》《尚书》《诗经》都大量涉及灾异图谶，《谷梁传》虽然在西汉后期一度立于学官，但因为不善于利用图谶解经，很快就遭废黜。

经学大师贾逵迎合光武帝的喜好，将《左传》附会于图谶，不仅得到大量赏赐，更使《左传》得以立于学官。图谶的影响力之大，由此可见。

谶纬在东汉的流行，是与汉代思想界天人感应、阴阳灾异之说的泛滥分不开的。谶纬与经学的结合，推动了汉代经学的神学化。谶纬之学对当时的政治、社会生活及思想学术均产生了十分重大的影响。

阅读链接

两汉时期，经学中的解释都主动附会图谶，经学日渐谶纬化，但是与此同时，经学内部也面临许多问题，尤其是注重联系实际与个人发挥的今文经学，变得日益繁琐。用几万字解释经书的几个字，注释一部经书更是长达数十万字，甚至百万字。一个学者从少年时期就开始学习，几十年不能通一经，终生无法通达群经大义。

公元58年召开的白虎观会议就是为了协调经学内部的矛盾，会议的内容最后编成两本书，一是《白虎奏议》，另一是《白虎通义》。《白虎通义》是这一时期儒学成果的集中体现，但是与同期其他儒学著作一样，书中大量引用谶纬，体现了东汉时期经学神学化的特征。

郑玄融会贯通开创经学

两汉时期，儒学是以经学的形式存在和发展的。汉初的统治者为了给"大一统"寻找适合的理论依据，逐渐形成了研究、解说、注释儒家经典的学术风气，此即汉代经学，也可以说是经学化的儒学。

汉代研究儒学经典有3种形式，分别是今文经学、古文经学和谶纬神学。经学家通过这3种形式，来解读儒家经典，并借助这种解读来为现实政治服务。

今文经学与古文经学相对应，源于汉初，盛行于西汉。主要特点是加入大量的占卜、阴阳学说，提倡天人感应，以符合当时的需要，被列入学

■郑玄雕塑

官，成为正统。而古文经学不断对其发动挑战。

古文经学产生于西汉末年，盛行于东汉。古文经学与今文经学相对应，认为孔子只是古典文献的整理者，是一位"述而不作、信而好古"的先师。古文经学注重对经文本义的理解和典章制度的阐明。

尽管今文经学和古文经学有所不同，但它们也有共同之处，它们凭依的同属儒家经典，阐发的都是"圣王之道"，都从不同的角度论证封建统治"三纲五常"的合理性。

在汉武帝时，今文经学就置有五经博士，后来又陆续设置，共有十四博士。设置了博士，就成了国家认可的"官学"，博士弟子员（汉朝时太学生的称谓）算作进入了仕途，参与了国家政治。这种地位，比起尚在民间，未立于学官的古文经学而言，自然要高出一筹。

郑玄是经学史上里程碑式的人物，是公认的经学大师，其影响力无人可比。他最终完成了今古经学的融会贯通。

诸多历史事实证明，凡是能成大事者，往往在少年时期便志向流露，迥异于常人。郑玄便是一例。

郑玄从小便是一个与众不同的人。在他十一二岁时，他跟随母亲到外祖父家。那时正是新春佳节，表兄弟们个个都穿着新衣服，喜笑颜开，说起话来口若悬河，出口成章，只有郑玄无动于衷，表情淡然。

他的母亲不免感到有些尴尬，知道郑玄平日读书很多，就让他也显示些才华，免得兄弟们觉得他

儒学历史与文化内涵

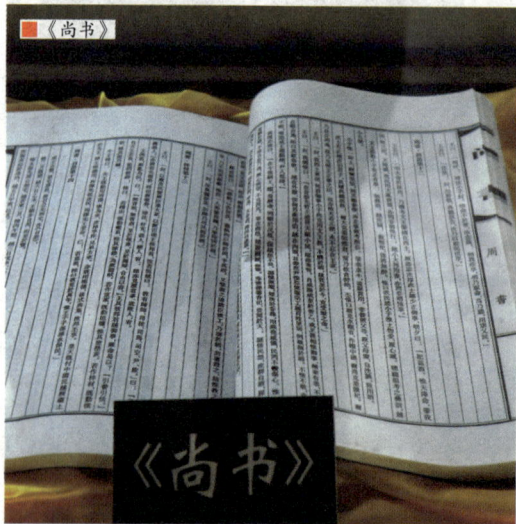

《尚书》

不学无术，遭人笑话。

谁知郑玄却说："这并非我的志向所在，我也不愿如此。"拒绝了母亲的要求。

成年后，郑玄在家乡担任乡啬夫的职务，掌管地方诉讼和赋税征收，这是个很有油水的职位。但是郑玄对此并不感兴趣，每逢休假，他就跑到学官那里，求学问道。

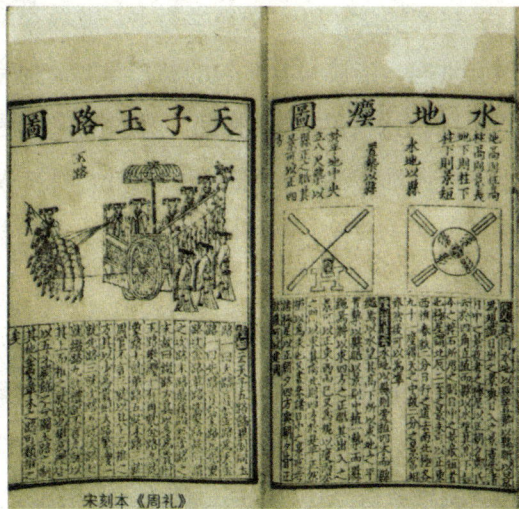
宋刻本《周礼》

■《周礼》

对郑玄的这个行为，他的父亲很生气，没少骂他，但郑玄丝毫不予理会。后来，他毅然辞掉了这个令人羡慕的职位，远赴京师洛阳，在太学中跟随名师学习。几年后，他系统掌握了《京氏易》《公羊传》《三统历》《九章算术》。

随后，他离开洛阳，跟随东郡张恭祖继续学习，又系统研习了《周礼》《礼记》《左传》《韩诗》《古文尚书》。此时的郑玄学术造诣已经很深，但仍不满足，因为关东地区已经无人能做他的老师，便西行入关，拜入经学大师马融门下。

几年后，郑玄又离开马融，回到故乡高密。此时，距离他当初离家，已经过去了十多年，郑玄本人也已年过四旬。回家后，因为家境贫寒，他租了一块土地，过着清贫的耕读生活，但是因为学术精湛，声名远播，门下弟子多达数百人。

学官 又称教官，是指主管学务的官员和官学教师。传说夏代就有学校。最早的学校叫庠、序、校，以教武艺为主。汉代开始设置的五经博士、博士祭酒，西晋开始设置的国子祭酒、博士、助教，宋代以后的提学、学政和教授、学正、教谕等，都属学官。

博士 在古代，博士指一种官职。秦汉时是掌管书籍文典、通晓史事的官职，后成为学术上专通一经或精通一艺、从事教授生徒的官职。

郑玄治学，以古文经学为主，兼收今文经学之长，从而将今古文融会贯通，形成兼容并包的"郑学"。他一生勤奋，遍注群经，《毛诗》《尚书》《仪礼》《礼记》《周礼》《周易》《论语》《孝经》等儒家重要经典都有注释。此外，郑玄还广泛涉及图谶、法律等领域，并著有《天文七政论》《鲁礼禘祫义》《六艺论》等学术著作，共有一百多万字。

东汉学术昌盛，但是由于学派林立，异说繁杂，而且今文经学的弊端也逐渐显现，有家法，有师法，解释繁琐，互相责难，使后学者无所适从，劳而无功。在这样的背景下，郑玄能够博通古今，博采众长，删繁就简，刊改漏失，阐明经学宗旨，为当时学术树立了标杆。

东汉以后世代相传的经学，其主流既不是古文经学，也不是今文经学，而是郑玄开创的调和古今、并以儒家礼教为核心的综合性经学，从中可见郑学的地位和影响。

儒学历史与文化内涵

阅读链接

郑玄学术成就博大精深，但甘于淡泊，在当时有着非常高的声望。一代名士孔融，为人狂放不羁，十分傲慢，但对郑玄却十分敬服，据说，他常常拖着未穿好的鞋登门拜访郑玄。

孔融担任北海相时，还专门下令给高密县令，将郑玄所在的乡改名为"郑公乡"，所居里巷的大门名为"通德门"。黄巾起义爆发后，乱兵闯入山东，郑玄到徐州避乱。徐州牧陶谦待之以师友之礼，不敢因其布衣身份而轻视。建安元年，郑玄从徐州回高密的途中遭遇黄巾兵，不仅未遭侵害，数万起义的黄巾兵得知是郑玄后，反而齐齐下拜，并且相约不入高密县境。作为一个读书人，无权无势，却能受到狂士、高官、乱兵的共同礼遇，在我国历史上实属罕见。

由于旧有儒学缺乏理论性、思辨性，使其在发展过程中，不能完全满足需要，面临诸多挑战。为弥补其不足，发展到宋明时期，儒学逐渐吸收了道教、佛教的思想，形成了新儒学，称为理学。理学更富思辨性、哲理性，从更高的层次上把握了自然与人的关系，使儒学更加成熟。

在我国哲学思想史上，宋明理学占有极其重要的地位。宋明理学以孔孟之道的儒学为主干，还吸收了道家、佛家的思想精华，建构了融通天、地、人的精致哲学体系。在建构这个精致哲学体系的过程中，涌现了众多儒学大师，他们为新儒学的产生和发展作出了贡献。

宋明理学

理学的三位先驱人物

北宋初期的胡瑗、孙复、石介是理学的先驱人物，他们以讲学授徒的方式，为理学培育了人才。在他们的推动下，形成了一代新的学风。

胡瑗，字翼之，江苏泰州如皋人，因世居陕西路安定堡，又称其为安定先生。胡瑗家族世代显赫，始祖胡遵为晋车骑将军，后裔中曾有过两位皇后和太后，另有三公九卿及将军、太守十余人。

胡瑗画像

胡家家境从胡瑗的父亲时开始改变，胡瑗的父亲胡讷曾任宁海军节度推官，这个官职在当时属于下等官吏，俸禄较少，胡瑗一家最后竟然步入了"家贫无以自给"的境地。

据说，胡瑗自幼聪颖好学，7岁时就能做文章，13岁时就通五

■ 古代私塾教育蜡像

经，被左右乡邻视为奇才。由于家境衰微，胡瑗早年并未受过良好教育，直至20多年后才与孙复、石介等人到山东泰山栖真观求学深造。胡瑗心志远大，10年不归，潜心研习圣贤经典。

30多岁时，胡瑗从山东回到家乡参加科举考试，令人意外的是，7次应考都没有考中。40岁时胡瑗决定放弃科考，返回泰州城，在华佗庙旁经武祠办起了一所书院，并以祖籍安定立名，称安定书院。

1034年，42岁的胡瑗开始在苏州一带设学讲授儒家经术。胡瑗言传身教，教学的内容完全是正统的儒家学说，他集教学理论、实践和改革于一身，他确立了培养"致天下之治"人才的教育理念；纠正了朝廷取仕时的弊病，要求德、智、体、乐全面观察。

胡瑗实施分科教学，推广普及教育；严格校规，言传身教；注重学生的社会实践及创立了高校寄宿制度。

华佗 东汉末年著名医学家，字元化，安徽亳州人。华佗与董奉、张仲景并称为"建安三神医"。华佗钻研医术而不求仕途，其医术全面，尤其擅长外科，精于手术，被后人称为"外科圣手""外科鼻祖"。行医足迹遍及安徽、河南、山东、江苏等地。

孙复画像

他培育出的学生恭谨仁爱，培养的人才都是儒家学说的继承人。胡瑗的教学方法被官方总结为苏湖教法。苏湖教法最终得以在全国推行。胡瑗的教育目的并不单纯在于通晓儒学经义，而重在矫正时弊，恢复儒学真传，他培育的人才直接为儒学复兴、宋代理学的建立做了最为重要、最为基本的人才准备。

胡瑗著有《松滋县学记》《周易口义》《洪范口义》《论语说》和《春秋口义》等。

孙复，字明复，号富春，晋州平阳人。因长期居泰山讲学，人称"泰山先生"。孙复很小的时候，父亲就离世，家境贫寒，但他力学不辍，饱读六经。

孙复科举屡试不第，未能任官。32岁后退居泰山，专心于讲学授徒。孙复一心研究周、孔之道，他对儒学有一种危机意识，认为隋唐以来文人追求浮词艳句，抛弃了儒学根本，导致儒学一蹶不振。

他整理出一个儒学传递的道统：从孔子到孟子、荀子、扬雄，再到董仲舒，儒学一脉相传，其中董仲舒对于复兴儒学功劳最大。

孙复的道统之说抬高了儒士的社会地位，对皇权专制构成有力的制约。这是理学在兴起之初最有价值和富有进步意义的一点。虽然，这种道德说教并不能从根本上改变皇权至上的垄断性，但在一定程度上还是对帝王的胡作非为起到了阻碍作用，有利于百姓的安居乐业。

为恢复正统儒学，孙复重新解读了《春秋》《周易》的本意，阐明了圣贤的理论主张，他认为《春秋》微言大义已被淹没，遂著《春秋尊王发微》，从《春秋》字里行间精心发掘出孔子尊奉王命的苦心孤诣。

孙复认为孔子在编著《春秋》时使用的"春秋笔法"，其目的主要是区别邪正，分别天子、诸侯等级，他深为君不君、臣不臣的局面而愤慨。对于藐视天子权威者口诛笔伐，表现出恢复和维护封建等级的强烈愿望。

在泰山讲学时期，孙复贫穷不堪，又得不到资助，但他不以生计为意，安贫乐道，仍聚书满室，与群弟子讲求儒道，而且乐此不疲。其门下出了很多贤良之士，如：石介、文彦博、范纯仁等。

石介，字守道，号徂徕，兖州奉符人。青年时的石介清高自傲，勤奋好学，1030年，26岁的石介进士及第，授将仕郎、郓州观察推官。1035年冬，石介创建泰山书院。

六经 六部儒家经典，始见于《庄子·天运篇》，是指经过孔子整理而传授的六部先秦古籍，分别是：《诗经》《尚书》《仪礼》《乐经》《周易》《春秋》。其中《乐经》已失传，所以通常称"五经"。

■ 古代教育蜡像

石介书法作品

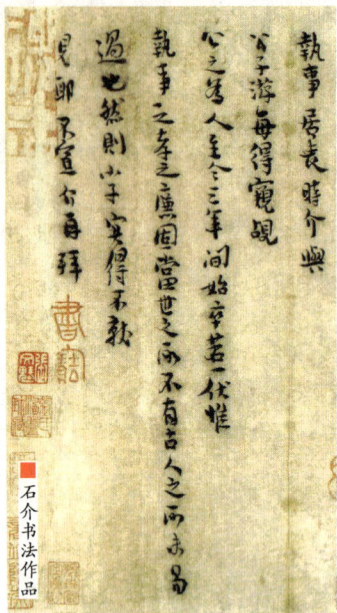

石介和孙复、胡瑗提倡"以仁义礼乐为学"，与二人并称"宋初三先生"，强调"民为天下国家之根本"。从儒家立场反对佛教、道教，极力标榜王权，为宋初加强中央集权提供论据。

对于隋唐以来重词赋的文风，石介极力反对。他把文章之弊与佛、老之害并列，指出佛同神仙一样为虚无，同黄金术一样虚幻而不可求，他说：

天地间必然无有者三：无神仙、无黄金术，无佛。大凡穷天下而奉之者一人也，莫贵与一人，天地两间苟所有者，求之莫不得也。

石介主张文章必须为儒家的道统服务。曾作《怪说》等文，抨击宋初浮华文风。石介还用"道""气"的概念解释世界：

夫天地日月山岳河洛皆有气也，气浮且动，所以有裂、有缺、有穷、有竭。吾圣人之道，大中至正万世常行不可易之道也，故无有亏焉。

道或理和气形成了后来理学理论体系中最根本的概念。石介初步勾画了道和气的一个轮廓；道是高级的、主动的原则，是完美的、普遍的精神实体；气则是低级的、被动的、缺欠的、物质性的东西。

与此有关，石介还提出"性"和"理"的学说。性、情问题是宋代道学家谈得最多的中心问题之一，其总的倾向是把情等同于人欲，而要求以道或理来统驭情欲。石介的论点虽然还只是萌芽，但与其后的理学思想体系是一脉相通的。

石介论史，以复古为则，开宋代理学家历史观的先河，但同时他也重视"运"和"气"在历史上的作用。他说：

> 圣人乘气，运气。天地间有正气，有邪气。圣人生，乘天地正气，则为真运。运气正，天地万物无不正者矣。

"运""气"和圣人的出现都带有很神秘的意味，不是人为的努力所能左右的，在石介之后，理学大家邵雍和朱熹在此基础上，进一步阐释了"运"和"气"的关系，并提出新的见解。

总体上看，北宋这三位理学的先驱人物都有复兴儒学的决心，并付诸了行动。他们以讲学的方式宣扬儒学，开辟复兴儒学。虽然他们没有建立起一套严密的逻辑体系，但他们广收弟子，大开讲学之风，把自己的思想倾向传递于各个阶层的人物，为新儒学的产生奠定了很好的基础。

阅读链接

程颐是宋代理学重要代表人物，他与理学先驱人物胡瑗一见如故，交往密切，他们探求义理的思想一脉相承，二人对唐代以后注重文词而抛弃孔孟思想精髓的做法都感到愤慨，认为这样做，与达到对道的认识这一目的背道而驰。

程颐和胡瑗二人都主张求道需要从自身探求，只有这样才能像颜回一样成为圣贤的弟子。胡瑗的思想对程颐的影响很大，程颐讲《易》，就吸收了胡瑗的许多观点，从胡瑗到程颐，是宋代理学发生发展的一条重要线索。

理学开山鼻祖周敦颐

　　儒学在汉代确立正统地位后，经历了魏、晋、南北朝时期和隋、唐代的演变。在这个过程中，由于玄学的兴起、佛教的输入、道教的勃兴及波斯、希腊文化的渗入，儒学的正统地位受到严重挑战。

　　我国在北宋时期结束了分裂割据局面，重建一统。这时的儒学以儒家纲常伦理为核心内容，以精巧的哲学学说为理论基础，汲取佛、老思想营养，建立起了唯心主义理学。而北宋时期的理学开山鼻祖，就是当时的著名哲学家周敦颐。

　　周敦颐自幼聪慧，喜爱读书，在家乡道州营道地方颇有名气，人们都说他志趣高远，博学力行，有古人之风。

　　由于涉猎广泛，周敦颐接触到许多不同种类的思想。从先秦时代的诸子百家，一直到汉代才传入的印度佛家，他都有所涉猎，这为他以后精研古代奇书《易经》创立先天宇宙论思想奠定了基础。

　　在父亲病逝后，周敦颐随同母亲投靠衡阳的舅父郑向。郑向为龙图阁直学士。后来，郑向调任两浙转运使，周敦颐同母亲随迁润州丹徒县。

周敦颐仁义孝顺，深得舅父郑向的喜爱。因舅父的关系，周敦颐被准试做监主薄。在任职期间，他尽心竭力工作，取得了很好的政绩，深得百姓拥戴。

由于尽职尽责，深得民心，在试做监主薄以后，周敦颐历任州县地方官吏。后来，出任南安司理参军。第二年，南安有一囚犯，法不当死，而转运使王逵却决定严加处理。

■ 周敦颐画像

众官虽觉得不当，但是他们慑于王逵的权势，都不敢出面讲话，周敦颐却据理力争，坚决要求按照律法处理。

王逵不作理会，周敦颐便弃官而去，气愤地说："如此尚可仕乎？杀人以媚人，吾不为也。"

意思是，难道可以这样做官吗？用杀不该处死的人的办法取悦上级的事情，不是我该做的。

王逵终于省悟，放弃了原来的意图，囚犯免予死刑。

从这件事情上，可以看出周敦颐是一个办事认真、不畏强权的人。

二程的父亲大理寺卿程珦在南安认识了周敦颐，见他气貌非常人，与之交谈，更知其为学知道，同他结为朋友，随即将两个儿子程颢、程颐送至南安拜周敦颐为

诸子百家 对春秋战国时期各种学术派别的总称。"诸子百家"有成百上千家，但流传较广、影响较大、最为著名的不过几十家而已，流传最为广泛的是儒家、道家、阴阳家、法家、名家、墨家、杂家、农家、小说家、纵横家。

■ 周敦颐和他的朋友们雕塑

师授业。

1056年，皇帝御笔钦点，任命周敦颐为合州，也就是今重庆合川市通判。那时，合州虽然已有10000多户人家，却没有一所全州学府，读书人不多。周敦颐决定把州学办起来，改变合州文化落后的状况。

合州城外嘉陵江东岸有一座山，名叫学士山，地处嘉、涪、渠三江汇合处。由山顶往山下望去，江水悠悠，白帆点点，风景幽美秀丽。

面对如此美景，周敦颐心想：这真是个读书的好地方啊，要是能把州学办在这里就好了。

他向附近的人们一打听，知道这个地方是合州大乡绅张宗范的私家花园。他决定登门拜访，与张宗范共商州学之事。张宗范十分崇敬周敦颐的学识人品，爽快地答应了他的请求，把整座花园无偿捐献了出来。

州学成功办起来后，周敦颐邀请张宗范主持学政，广招学生千余人，不论贫穷富贵，只要天资聪慧，都一一收录。周敦颐又遍请天下文人学士前来讲

通判 古代官名。在知府下掌管粮运、家田、水利和诉讼等事项。宋代时，为加强控制地方而置于各州、府，辅佐知州或知府处理政务，凡兵民、钱谷、户口、赋役、狱讼等州府公事，须通判连署方能生效，并有监察官吏之权，号称"监州"。

学，大文学家苏洵、苏轼、苏辙等都曾应邀前来。

合州学子读书蔚然成风，人才辈出，每年都要出一两个进士，合州州学声名大振。张宗范也由地方乡绅一下变成了开明士绅，成了北宋乡绅的楷模。

据说，张宗范感到十分自豪，请来能工巧匠，在山顶修筑了一座八角亭，本想请周敦颐题写匾额八角亭，周敦颐却挥毫手书了"养心亭"3字，写毕，意味深长地解释：人，贵在养心也。

周敦颐为官30年中，过着传道授业的生活，他做郴县县令时，首先做的事就是建学校授徒；在合州时，跟他学习的人很多；在邵州即今邵阳，更是大开讲学之风。

他的立学宗旨，是注重道德修养，为数百年理学开其端。他提出的一系列理学基本范畴，为二程、朱熹所继承和发展，因此人们才说他是理学的开山鼻祖。

周敦颐对《周易》十分感兴趣，很早就开始了对《周易》的研究，后来终于写出了他的重要著作《太极图说》和《易通》。

《太极图说》继承了道教的《太极图》。这篇短文简洁明了地阐发了他的宇宙生成论、人与自然的关系、修养方

■ 周敦颐塑像

老子 姓李名耳，字聃，汉族，楚国苦县历乡曲仁里人，约生活于前571年至前471年之间。是我国古代伟大的哲学家和思想家，道家学派创始人。老子著有《道德经》，又称《老子》，其学说对我国哲学发展具有深刻影响。在道教中，老子被尊为道教始祖。

■ 周敦颐故居

法等，提出了一系列理学的概念。

他所说的由无极而为太极，实际上是老子有生于无的翻版。他认为宇宙就是由无极中生出太极而形成的。由太极运动生阳，运动到了极点，转而为静，由静而生出阴；静到极点，又转为动。这样的一动一静，动根于静，静根于动。由此分出阴阳，于是天地就形成了。

阳变阴合，从而产生水、火、木、金、土五行，由五行之气的顺序流布，从而推动春、夏、秋、冬四季的运动。五行就是阴阳，阴阳就是太极，而太极又本于无极。这就是周敦颐的宇宙生成论。

《太极图说》还表明了周敦颐对人道的看法。他认为，在世间万物之中，只有人能得到天地的秀气而成为万物之灵。形既然产生，就有了神，而且有知觉和思维能力。五行之性因感于外物而动，便分出善与

周敦颐学生蜡像

恶，从而生出万事万物。

在《太极图说》中，周敦颐提出了"性五品说"。他认为，刚、柔、善、恶是人性的几个主要表现形式，刚柔与善恶相配而形成了刚善、刚恶、柔善、柔恶几种主要的人性类型。

周敦颐在《易通》中进一步指出了诚、神、几的范畴。诚指人的本性，神指人的思维能力。精神活动刚刚萌发而尚未明显时叫做几。

诚是《易通》中最主要的思想。在周敦颐看来，诚是圣人的根本，是万物生命的根源。也可以说诚就是太极，是宇宙的中心，是一种绝对精神，是寂然不动的根本。

周敦颐把诚作为儒家修养的中心。他认为，诚是一切道德行为的根源，凡是不基于诚的行为都是不道德的。静无动有就是诚的内容，寂然不动即静虚，是诚的主体。

周敦颐的性五品说与诚、神、几范畴构成了他的伦理学说，建立了"立人极"的道德伦理思想，即指做人的最高标准，符合这最高准则的便是"圣人"。其内容是中、正、仁、义，其方法是"无欲""主静""迁善改过"等。这些思想开理学家重道德伦理之端，并且影响深远。

颜渊是孔子称赞的最有修养、最能吃苦、最善于学习的弟子，他终生贫困，但毫不在意，以读书学习为乐。由于颜渊的突出表现，他位居孔子弟子七十二贤人之首，后世称为"亚圣"。

周敦颐将颜渊推为洁身型贤人，并提出"学颜子之所学"，就是提倡对"圣人之道"要有坚定的信念，在各种环境与场合中，自觉坚持仁义忠信的原则。即使在箪食瓢饮、身居陋巷的极端贫困中，也能不改其乐，做到"心泰而无不足"。

周敦颐让受学于他的二程"寻孔颜乐处，所乐何事"，即让二程学习颜渊的这种学习精神和学习态度。"二程之学亦由此而发端"。"孔颜乐处"从此随着理学的产生、发展而逐渐家喻户晓。

周敦颐的"孔颜乐处"思想具有重要的理论价值，其历史价值促进了儒家学说的完善与发展，使儒学顺利发展到理学阶段。

周敦颐创立了理学的哲学体系，他从佛、道二教中汲取了许多儒学所没有的东西，建构了一个容纳自然、社会、人生为统一体系的格式，提出了宋明理学的主要概念范畴，后来的理学家所作的工作，只是使这个体系更加严密、更加系统而已。

阅读链接

周敦颐酷爱雅丽端庄、清幽玉洁的莲花，在出任知南康军时，在府署东侧挖池种莲，名为爱莲池，池宽十余丈，中间有一石台，台上有六角亭，两侧有"之"字桥。他盛夏常漫步池畔，欣赏着散发出缕缕清香的莲花，口诵《爱莲说》，自此莲池名震遐迩。

《爱莲说》是一篇议论散文。1063年，周敦颐与沈希颜、钱拓共游零都罗岩，有诗刻石。后来沈希颜在零都善山建濂溪阁，请周敦颐题词，周敦颐遂作《爱莲说》相赠，表明了他对莲花"出淤泥而不染，濯清涟而不妖，中通外直，不蔓不枝；香远益清，亭亭净植；可远观而不可亵玩焉"的赞赏。

奠基理学的“二程”

　　“二程”是指程颢、程颐兄弟二人。“二程”是继周敦颐之后北宋理学的奠基人，兄弟二人努力求知、积累知识，积极入世、阅历丰富，为最终创建洛学奠定了基础。

　　程颢和程颐生于湖北黄陂，籍贯河南洛阳，他们的学说也因此称为“洛学”。洛学的形成是北宋时期理学的奠基性成就，是北宋时期理学发展的里程碑。

　　二程出身于“名门望族”。他们的高祖程羽曾是宋太祖赵匡胤手下一员将领，也是赵光义的幕僚之一，以后又做过宋真宗的老师，官至兵部侍郎，死后赠封少卿。

　　他们的曾祖父曾任尚书虞部员外郎，祖父则为吏部尚书。父亲程珦又以世家的荫庇，照例做了一个“郊社斋郎”，得到了晋升机会，由此起家，连续做了几十年的中央和地方官，官至太中大夫，到了暮年，才因老病退休。

　　程颢和程颐相差一岁，程颢字伯淳，号明道先生，生于公元1032

太中大夫 秦代始设的官名，掌握着论议之事，汉代以后各代多沿袭设置。在唐、宋为文散官第八阶，从四品上。在宋代、元代用以替换了左右谏议大夫，并定为文官第十一阶。金代称大中大夫，从四品。元代升为从三品。明代也称大中大夫，为从三品。

程颢在嘉祐年间考中进士后，任鄠县及上元县主簿、晋城令。程颢早年受父程珦之命，与弟弟程颐一起拜周敦颐为师，由此立志于孔孟之道。

程颢读书很用功，把《诗经》《尚书》《中庸》《大学》《论语》等都背得烂熟，此外，还研究天文、地理、世俗、人情。他一进学馆，读上好书，便着了迷，几天可以不出学馆门。

与哥哥程颢不同，程颐刚开始则不怎么喜欢读书，总认为读书无趣，经常逃学，到山上、河边玩耍，对读书之事不怎么上心。后来在哥哥的教诲下，也开始对儒学产生了兴趣，进而开始喜欢读书了。

18岁时程颐作了一篇文章：《颜子所好何学论》，这篇文章被主管太学的胡瑗看到，胡瑗惊异其才。王安石当政时，程颐没有得到重视，与兄程颢在洛阳讲学。

司马光执政时，程颐被荐为崇政殿说书，步入仕途。继而为宋哲宗侍讲期间，敢以天下为己任，议论褒贬，无所顾忌，声名日高，从游者日众。

程颐为人刚毅，真诚信奉儒家学说，力求实践，从不苟且。一天，刚刚为哲宗讲完经学，还没有告退，哲宗少年心

■ 程颢画像

性，站起来活动筋骨时顺手从树上折了一根柳条。

程颐一看，马上进谏："现在正是春天，万物生长，不可无故摧折！"弄得哲宗十分扫兴，扔下柳条，拂袖而去。

由于在皇帝面前"议论褒贬，无所顾避"，这就一方面使其名声越来越大，吸引了许多读书人纷纷向他拜师问学；另一方面也引起了一些朝臣对他的不满，要求把他"放还田里，以示典刑"。

在这种形势之下，程颐主动辞职回乡。自1088年起，他基本上脱离了政治生活，在洛阳和哥哥程颢从事讲学活动。"洛学"由此产生。

■ 程颐画像

"理"又叫"天理"，是二程哲学的最高范畴。二程认为产生自然界与人类社会的最高本体是理。只有"理"才是最根本的，最先存在的，世间万事万物都是由理产生的。世界上任何事物，包括自然现象和人类社会现象，都是"理"的体现。

作为万物本原的"理"，是最真实的存在，它并不是人们可以直接感觉到的形体之实，而是指一种精神性的真实存在。

那"实"或"物"是如何产生的呢？二程认为，万事万物是由气变化而来，而"气"是由"理"派生出来的。二者的关系是"理"是第一性，"气"是第

太学 古代的大学。太学之名始于西周时期。汉代始设于京师。汉武帝时，董仲舒上《天人三策》，提出"愿陛下兴太学，置明师，以养天下之士"的建议。太学，对后世产生了深远的影响，堪称我国教育史上的奇观。

儒学根源

儒学历史与文化内涵

■ 二程故里

二性的。

"理"就是"道"，道与气是有严格区别的。"道"并不是指具体的阴或阳，而是指之所以形成阴阳的那种理。道是看不见的、无形的。

在知行关系问题上，二程强调知对于行的重要性。认为"知行二者"是"以知为根本，行则次之"。二程不仅有"知先行后"的观点，而且还主张"并不只是行困难，知也是困难的"。随便学学是容易的，要真正弄懂，获得真知是难的。

二程所说的"学"，即知识，是使人内求而不是外求。所谓"内求"就是"观物理"，即格物求知，格物即是穷理，穷理然后就能够获得知识。

不懂得格物又想达到意念诚心端正，而能够修养自己的身体的人，是不能符合理的要求的。因此二程把格物穷理的"理"与天命人性、义理和心联系起来，认为它们的实质是一样的，这样本体论、伦理观

性善说 儒学大师孟子主张的人性本善的学说。孟子是在他自己的那套心、性观基础上建立起来的。孟子的性善说是"道德层面"的心性，不是"情欲层面"的心性。

与认识论就结合起来了。

程颢认为人性有二，一是"生之谓性"，即"气禀之性"；一是"天命之谓性"，即"天命之性"。天命之性是"理"在人身上的体现，顺其性而行，则符合于"道"。气禀之性是生活中形成的，有善有恶。

二程赞成孟子的性善说，认为人性没有不善的，如果有不善，那是由于"才"的不同。他们认为"性即是理"，而"理"是上至尧舜、下至一般人都有的。他们又认为，人之所以不善，是被气所昏塞了。

在他们看来，孟子提出"养气""养心"，就是要除去昏塞之患，使气"清明纯全"以保持善性。

在二程哲学中，不仅初步建立了一套以"天理"为本体的宇宙观、认识论和人性论，而且其中还包含有一些朴素的辩证思想。

二程肯定了事物运动变化的普遍性和永恒性。天下的事物没有静止的理，不进则退，不退则进。

他们还肯定了矛盾的普遍性。天下的事物都不是孤立存在的，而是成双成对的，比如阴阳、善恶，有阴必有阳，有善必有恶。阳不断增长，阴就消亡；善不断增长，恶就自然减少。

宋代理学讲究理、气、道、心、诚等概念，这些

洛学 北宋时期洛阳以程颢、程颐兄弟为首的学派。"二程"提出了"理"的哲学范畴，并以理阐释封建伦理道德。洛学奠定了宋明理学的基础，在我国哲学史上有重要地位。其后，宋代的朱熹、陆九渊，明代的王守仁，又在"二程"开辟的方向上发展了理学。

107

再创高峰

宋明理学

■二程塑像

概念需要静坐思考。二程都讨论静坐，但又提出要"主敬"，敬贯动静，可视为动态的静坐。

他们提出理学的一套功夫口诀"观喜怒哀乐未发前气象"，并将静坐与"穷理"结合起来，静坐的心境因此即有天理的内涵，与儒家的基本价值相融。

"理"是理学最重要的范畴，"理"始于二程，理学的思想体系和学术活动范畴，是由二程确立起来的。理学在二程之后的发展，可以说是对二程思想的展开。

二程对"理"做了充分论证，建构了一个学说体系。这个体系经朱熹集大成，成为我国封建社会后期官方的主导思想和理论基础。

阅读链接

二程的静坐工夫可谓到家，程门立雪就是个典型的例子。1093年，程颢正在洛阳讲学，这年冬天，天气异常寒冷，才过午后，路上已经不见行人。这个时候，有人轻叩书院大门，门童开门，看到两个中年人肃立门外，两人一个叫杨时，一个叫游酢。两人是来拜访程颐的。

恰逢那个时候，程颐正在静坐，不能打扰。二人不发一言，静悄悄站到程颐身后，一动不动。不知过了多久，程颐睁开眼睛，环顾四周，才看到身后二人，说："今日天色已晚，我们明天再谈。"二人行礼告辞，走出门外，发现天地间早已一片苍茫，地上积雪竟然已有一尺多深了。

张载的"关学"思想

　　"关学"是理学重要的一支，萌芽于北宋庆历之际的儒家学者申颜、侯可，到了张载时，关学正式创立。由于张载是关中人，故称其学说为"关学"。又因为张载世称"横渠先生"，因此关学又有"横渠之学"的称号。

　　张载生于1020年，字子厚，张载这个名字出自《周易·坤卦》中的"厚德载物"。因为其经常在陕西凤翔郿县横渠镇讲学，当时学者就称他为横渠先生。

张载画像

　　张载的祖父和父亲都是中小官吏。他的父亲张迪任四川涪陵县知州，后在涪州任上病故。

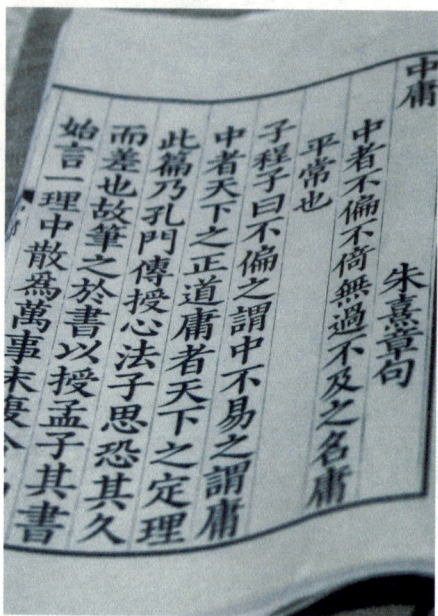

古代书籍《中庸》

范仲淹 字希文，北宋著名的政治家、思想家、军事家、文学家、教育家，世称"范文正公"。他为政清廉，体恤民情，刚直不阿，力主改革，屡遭奸佞诬谤，数度被贬。著有《范文正公文集》。

当时，母亲带着15岁的张载和他5岁的弟弟张戬，护送父亲的灵柩来到陕西凤翔郿县横渠，因缺乏路费，再加上前方发生战乱，决定不再返回家乡河南开封，就将父亲安葬于横渠南大振谷迷狐岭上，全家也就定居于此，张载以后也生活于此。

张载从小天资聪明，少年丧父使他成熟较早。他从小喜欢谈论兵法军事，注意西北边事。当时西夏常对西部边境侵扰，1040年初，西夏入侵，1044年10月议和。朝廷向西夏"赐"绢、银和茶叶等大量物资。

这些国家大事对年仅21岁的张载刺激极大，他向当时任陕西经略安抚副使、主持西北防务的范仲淹上书《边议九条》，陈述自己的见解和意见，打算联合各地组织民团去夺回被西夏侵占的洮西失地，为国家建功立业，博取功名。

范仲淹在延州军府召见了这位志趣不凡的儒生，张载谈论军事边防，他保卫家乡、收复失地的打算得到了范的热情赞扬，认为张载可成大器，劝他道："儒家自有名教，何事于兵。"

意思是说他作为儒生，一定可成大器，不须去研究军事，而勉励他去读《中庸》，在儒学上下功夫。

张载听从了范的劝告，回家刻苦攻读《中庸》，仍感不满意。于是遍读佛学、道家之书，觉得这些书籍都不能实现自己的宏伟抱负，便又回到儒家学说上来。

经过十多年的攻读，张载终于悟出了儒、佛、道互补、互相联系的道理，逐渐建立起自己的学说体系。

1057年，38岁的张载赴开封应考，当时欧阳修主考，张载与苏轼、苏辙兄弟同登进士，在候诏待命之际，张载在开封相国寺设虎皮椅讲《易》理。前去听讲的人很多。

应考期间，张载遇到了青年儒学家程颢和程颐，通过与二程论道，张载对儒学的信心更足了，从此抛弃异端，专心儒学。

张载中进士后，先后任祁州司法参军、云岩县令著作佐郎、签书渭州军事判官等职。

王安石推行新法，曾就新法推行请教张载，张载未轻易赞同，表示愿意旁观。不久，张载被调往明州处理苗振案。在处理完苗振案后，张载借病辞官返乡，专心学术研究。

就关学的内涵性质而言，它属于宋明理学中"气本论"的一个哲学学派。

在我国传统哲学中，气指最细微最流动的物质。气的观念早在秦代就已经提出。气为宇宙本体的思想，汉儒也有论及。张载在吸取前人思想的基础上，第一个完整地提出了元气本体论。

张载认为，宇宙的本原是气。气未

■ 张载讲学塑像

欧阳修 字永叔，号醉翁、六一居士，江西吉州永丰人，北宋政治家、文学家，官至翰林学士、枢密副使、参知政事。与韩愈、柳宗元、苏轼、苏洵、苏辙、王安石、曾巩一起被世人称为"唐宋散文八大家"。

聚而无形的状态，叫"太虚"，"太虚"亦是气。他说："太虚无形，气之本体。"

在此基础上，他认为气有聚散而无生天，气聚则有形而见形成万物，气散则无形可见化为太虚。

张载还认为宇宙是一个无始无终的过程，在这个过程中充满浮与沉、升与降、动与静等矛盾的对立运动。

他还把事物的矛盾变化概括为"两与一"的关系，说：

两不立则一不可见，一不可见则两之用息。

他认为矛盾互相联系、互相依存，"有两则有一"，"若一则有两"。 从气的本性出发，张载进一步探讨人性。性分为两种，一是天地之性，二是气质之性。天地之性是纯善的、本然的；气质之性是彼此不同的。

张载祠张载像

在张载看来，人人都有天地之性，如果是这样，那么人人都有成为圣人的可能。张载还从人与物都具有"天地之性"出发，提出"一切人都是我们的父母，一切物都是我们的同伴"的仁爱思想，要求君子做到博爱。

张载提出了理学的一系列命题，并且给予了深刻而系统的回答，他的气学理论被朱熹和陆九渊等儒学人士所吸收，从而成为理学一支的奠基人。

张载塑像

张载著有《崇文集》十卷，《正蒙》《横渠易说》《经学理窟》《张子语录》等。

阅读链接

张载在开封相国寺讲《易》理时，有一天晚上，他遇到了洛阳儒学家程颢、程颐兄弟。张载是二程的表叔，但是他虚心待人，静心地听取了二程对《易经》的见解，感到自己掌握的知识还不够。

第二天，他对听讲的人说："今见二程深明《易》道，吾所不及，汝辈可师之。"意思是：昨天我遇到了程颢和程颐，他们对《易》理很精通，我不如他们，你们可以拜其为老师。然后撤席罢讲。张载对二程说"吾道自足，何事旁求"，表明了对儒学的尊崇，也表现了他在学术上的积极开拓精神，张载的《易说》就是在这个时期、这种状况下写成的。

儒学的集大成者朱熹

理学发展到南宋时期，终于迎来了一位集新儒学思想之大成的哲人，他就是南宋中期学术成就最高、影响最大的一代名儒朱熹。

朱熹，小名沈郎，字元晦，号晦庵，祖籍南宋江南东路徽州府婺源县，出生于南剑州尤溪。朱熹受教于父，他的父亲朱松曾得充福建政和县尉小官，携全家赴任，后调任尤溪县尉。朱熹降生不久，朱松升任朝廷秘书省正字职，但因反对秦桧主和，被逐出朝廷。

朱松回到福建建阳家中。朱熹随父在建阳度过了他的童年。朱熹从小聪

朱熹画像

慧过人，且勤于思考，学业大进，8岁便能读懂《孝经》。

他入学之后跟从老师读书，老师便教他读《孝经》，他看过一遍，就在书上写道："不能像这样去做，就不能算作一个人！"

朱熹14岁时，父亲去世，他从父命受学于父亲的友人胡宪、刘勉之等。胡宪、刘勉之所授的皆为道学。当时的道学家一部分排佛，一部分醉心学佛，胡宪、刘勉之等皆属后者。朱熹既热衷于道学，同时于佛学也有浓厚兴趣。

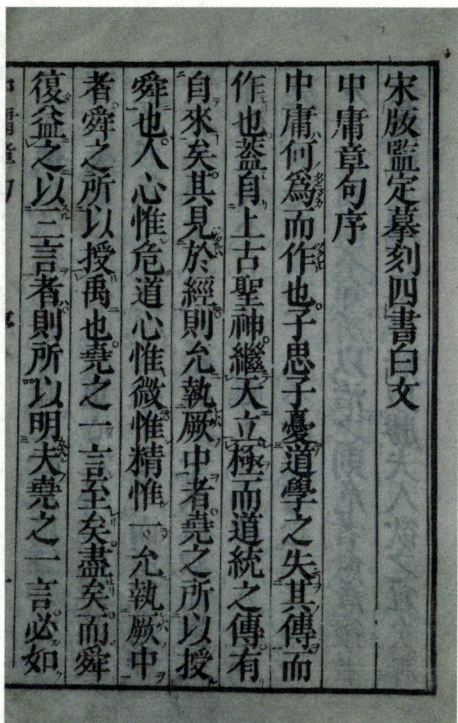

再创高峰

宋明理学

■ 朱熹《中庸章句序》书影

1148年，经过科举考试，朱熹进士及第，授予左迪功郎、泉州同安主薄，开始了仕途生涯。

1160年，朱熹31岁时，正式拜程颐的三传弟子李侗为师，专心儒学。李侗非常欣赏这个学生，替他取字"元晦"。从此，朱熹开始建立理学这一套客观唯心主义体系。

在宋金关系紧张之际，朱熹上奏皇帝，提了3项建议：一是讲求格物致知之学；二是罢黜和议；三是任用贤能。

朱熹的奏章获得了宋孝宗的赞赏，他召见了朱熹。朱熹由此声名鹊起，更为人所关注。

秘书省 古代官署名，又名兰台、麟台，东汉桓帝始置秘书监一官，掌管图籍，先属太常寺。三国魏时曾属少府。南朝梁后改为省，置监、丞等官；唐代秘书省曾改称兰台、麟台。元代并入翰林国史院，明代时归属翰林院。

朱熹家训

君之所贵者，仁也。臣之所贵者，忠也……之所贵者……子之所贵者，孝也。兄之所贵者，友也。弟之所贵者，恭也。夫之所贵者……和也。妻之所贵者，柔也……事师长贵乎礼也。交朋友贵乎信也。见老者敬之，见幼者爱之。有德者，年虽下于我，我必尊之。不肖者，年虽高于我，我必远之。慎勿谈人之短，切勿矜己之长。仇者以义解之。怨者以直报之。随所遇而安之。人有大过，以理而谕之。人有小过……容者而忍之……小而不为，勿以恶小而为之。人有小恶，可掩……

朱熹家训屏风

1167年，八月金秋，秋高气爽，朱熹偕学生林用中、范念德从福建赶赴湘江畔的长沙城。一路上，朱熹一行无暇他顾，渡过湘江，赶往岳麓书院，与张栻会讲三月。

考虑到所讨论的问题的重要性，朱熹和张栻决定采取会讲的方式，公开辩论，以求得更大范围的解惑。

会讲的主要议题是"太极"和"中和"。朱张会讲，盛况空前，学生多达千人之众，其声势为全国之最。据说，岳麓书院的走廊、庭院到处都是前来听讲的人，他们骑来的马匹，竟然将大门前水池中的水都喝干了。

朱张会讲，双方你来我往，辨析质疑，议论风声。会议持续三天，三天里，许多重要的儒学概念，如"中和""太极""仁"，都在讨论之列。

一人先立论陈述，另一人则指出其不足，前一人

岳麓书院 我国古代著名的四大书院之一。976年，潭州太守朱洞在僧人办学的基础上，正式创立岳麓书院。之后，历经宋、元、明、清各代，至清末光绪二十九年，即1903年改为湖南高等学堂。

或辩驳，或补充，如此循环往复。会讲妙语、妙论迭出，令听者大呼过瘾，并为之拍案叫绝。

会讲中，朱熹接受了张栻的部分观点，而张栻也接受了朱熹的部分观点。这次会讲对扭转湖南学风起到了重大作用，从此，湖南学者逐渐抛弃了急迫争强好胜之风，开始注重涵养，心态日趋平正。

会讲后，四方学生接踵而至，岳麓书院地因人重，名扬天下，大批游学的士子前来研习理学。自此之后，儒学才去短集长，臻于成熟。

1180年，张栻不幸离世，弟子转投他人门下，书院一时寥落。1194年，朱熹任湖南安抚使，重整岳麓书院，亲自讲学。岳麓书院东山再起，再度繁荣。

1175年，朱熹与吕祖谦、陆九渊等会于江西上饶铅山鹅湖寺进行学术讨论，是为著名的鹅湖之会。

鹅湖之会的讨论中心是道德修养和"教人之法"等，讨论一开始，就充满了十分激烈的气势。双方你来我往，相互提问，相互诘问，此次辩论持续了3天，不分胜负。

双方的差异主要在教人的方法上。朱熹的治学方法是"道问学"，通过格物致知，以博览群书和观察外物来启发心智。

北宋朱熹手记

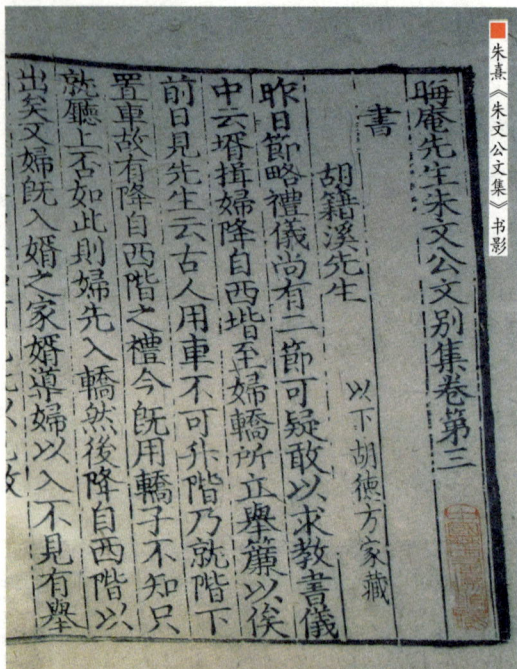

朱熹《朱文公文集》书影

而辩论的另一方陆九渊则主张"尊德性"，要"发明本心"，认为一味读书穷理，不过如同蛀虫吞食书本，对人认识自己的本心毫无裨益。可以说，双方各有优胜之处，需要相互融通互补。

鹅湖之会虽无定论，朱熹和陆九渊的分歧也没有弥合，但这种良性的学术互动，对理学发展却产生了推动作用。

朱熹讲学以穷理致知、反躬践实以及居敬为主旨。他继承二程，又独立发挥，形成了自己的体系，称为程朱理学。

朱熹在从事教育期间，对于经学、史学、文学、佛学、道教以及自然科学，都有所涉猎或有著述，著作广博宏富。

朱熹学说的最高范畴是"理"，他认为"理"是宇宙万事万物的本原。理在天地之先就有了。有了"理"才生出天地，要是没有理就没有天地，也没有人物，而"理"又是永恒不变的。

朱熹认为"理"相当于"道"，是无形的。"气"也是"理"产生出来的；"气"再生万物。关于"理"与"气"的关系，"理"在"气"中，"气"体现了"理"。"理"与"气"两者是相辅相成的，分不开的，故天下之物莫不有"理"。

朱熹所说的"理"相当于周敦颐所说的"太极"，朱熹认为天地之中有"太极"，万物之中也有"太极"。这就是说，天地万物都有"太极"，也即只有一个"理"。他说：太极只是天地万物之理，在天地来说，则天地中有太极；在万物来说，则万物中各有自己的太极。

即总的说来，天地万物之"理"，就是"太极"，它本身只有一个，但它又体现在天地之中，因此万物之中也有它。

朱熹用"一月映万川"作比喻，形象地说明了这个问题。他说"理"或者"太极"，就如天上的月亮一样，只有一个，但体现在万事万物之中，就像月亮映在无数江河湖泊里一样，到处都能看得见。

朱熹使儒家的伦理规范上升为宇宙之理，获得了形而上学的普遍性和至上性。他对"理"的宇宙本体地位从理论上展开了比其他宋代儒学更加精密的论证。

在二程思想基础上，朱熹进一步论证天理与人欲。对于儒家道统，他解释为要真正掌握恰到好处的道理，就是要达到无过无不及。

朱熹肯定了二程"性即理"的人性论，认为人性是先天赋予的，从这个角度看，人性是没有不善的，但实际上人有善与不善的区别。朱熹认为，其原因在于各人所禀受的"气质"有清浊的不同，禀受其清者性善，禀受其浊者不善。

朱熹的哲学思想具有辩证法的因素，他看到了某些矛盾运动的现象，比如人的呼吸运动：如果只往外呼气而不吸气的话，就会气绝；如果只吸气，而不往外呼气的话，也必然会阻塞。这就是矛盾双方的相互依存。

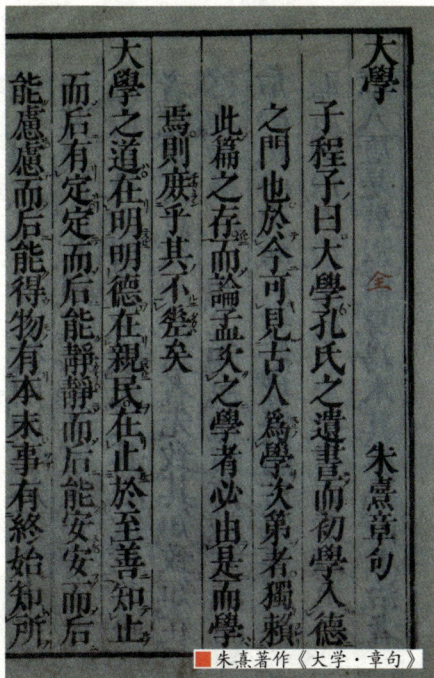

朱熹著作《大学·章句》

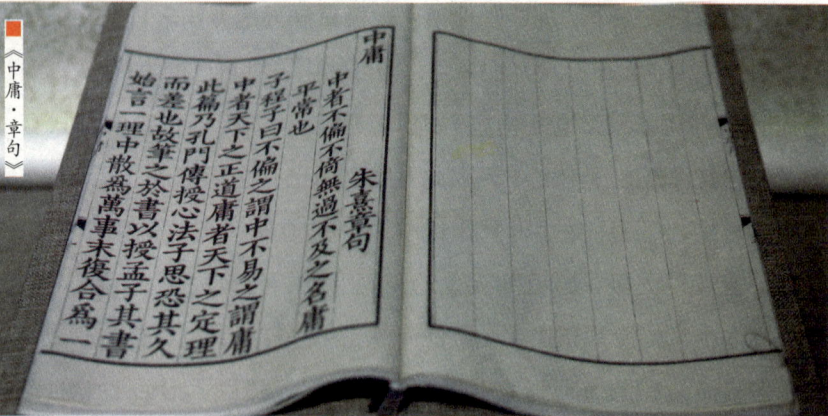

朱熹也认识到事物有逐渐变化的规律，从而提出了阴阳互相消长的渐变说。他认为，任何形气的变化都不是突然发生的，不是突然地前进，也不是突然地亏损。比如，平时经常见面的人，并不会感觉到对方长得很快。

朱熹还把事物的发展分为"元亨利贞"四个阶段。他以谷的生长为例说，萌芽是元阶段，苗是亨的阶段，穗是利的阶段，结谷是贞的阶段。然后谷子又能再萌芽，以至循环无穷。他把发展归结为无限的循环，从而堕入循环论。

朱熹的新儒学思想远承孔孟，近学二程，同时吸收佛、老哲理方法，融入儒学，形成儒学思想的成熟理论形态。宋明理学发展到朱熹，已趋于成熟阶段，此后便走向衰落和瓦解。

朱熹总结了以往唯心主义在与唯物主义作斗争时的经验教训，把我国的唯心主义哲学推向了一个新的高度，虽然在他以后，不乏优秀的唯心主义理学家，但从思想深度和高度来看，没有人超过他。

在南宋以后，朱熹的理学成为各个封建王朝的御用儒学思想，他所作的《四书集注》成为各朝开科取士的金科玉律。

《四书集注》是朱熹为《大学》《中庸》《论语》《孟子》所作的注，是朱熹哲学思想的重要代表作，也是宋明理学的权威性著作。该书既注重文字诠释，更着重于义理的阐发，是以义理解经的代表作。

书中发挥了儒家传统观点，论述了道、理、性、命、心、诚、格物致知、仁义礼智等哲学范畴及其关系，体现了以理为最高范畴的哲学体系以及强调认识方法、修养方法、道德实践的特点。

朱熹的学术思想对后来的一些学者产生了重大影响，王夫之、李恭、戴震等，继承和发展了他的"理"与"气"、"道"与"器""致知"与"格物"、"天理"与"人欲"等的有关思想，开辟了清代的儒学风气。

朱熹一生著作甚丰，且门类很多，《诗》《书》《易》《礼》《春秋》无不涉及，《四书章句集注》

■ 朱熹蜡像

朱熹著《易图》

《四书或问》是其代表作。经学方面有《诗集传》《周易本义》《易学启蒙》《孝经刊误》等。史学方面有《资治通鉴纲目》《八朝名臣言行录》等。

他编纂的《伊洛渊源录》《近思录》及《程氏遗书》《程氏外书》《太极图说解》《通书解》等，可看作理学史著作的萌芽。

此外，朱熹的诗、奏章、书信、论著被汇编为《朱文公文集》，他的学生将他讲学的问答编成《朱子语类》。

儒学根源

儒学历史与文化内涵

阅读链接

朱熹是个虚怀若谷之人，具有博大的胸怀，对于异己之见，能够吸收，对于对手，也能做到尊重接纳。鹅湖之会五年后，朱熹任职南康军，重修白鹿洞书院后，邀请陆九渊前去讲学。陆九渊的讲学非常成功，很多人都当场落泪，朱熹也很受感动，命令门人将陆九渊的讲稿刻在石碑上，并亲自作跋，赞扬他讲得透彻明白，切中学者心病，令听者悚然心动，并表示自愧不如。

理学家吕祖谦对这次讲学也非常关注，他给朱熹写信询问陆九渊跟鹅湖之会时相比，观点是否有所改变。朱熹欣然回信。从信中可知，尽管二人仍然存在很大的"门户之见"，但彼此已能坦诚相待，从善而归。

陆九渊开创心学一派

陆九渊是宋明理学中"心学"一派的开创者。他对明代王阳明的心学有直接的影响，王阳明发展了其学说，陆、王两人成为我国哲学史上著名的"陆王学派"，对近代中国理学产生过深远影响。

陆九渊号象山先生，字子静，出身于江西抚州金溪青田一个九世同居、阖门百口的封建大家庭。

陆九渊自幼好学，自小不爱嬉戏，稳重如成人。他的好学不在于博览群书，而表现在善于思考上。他求学的一个重要特点是"读书有觉"。三四岁时，他曾向父亲发问："天地为什么没有边际呢？"

陆九渊画像

白鹿书院

吕祖谦 字伯恭，
南宋婺州人，
原籍寿州，人称
东莱先生。与朱
熹、张栻齐名，
同被尊为"东南
三贤"，是南宋
时期著名的理学
大家之一。他
所创立的"婺
学"，也是当时
颇具影响的学派
之一。

陆九渊13岁时，曾经对自己少儿时思考的问题忽有所悟。有一天，他读古书到"宇宙"两字，书中说"四方上下曰宇，往古来今曰宙"，于是他忽然省悟，原来"无穷"便是如此啊，人与天地万物都在无穷之中。

陆九渊读书很刻苦，在"实勤考索"的基础上，主张读书要有疑，认为有疑方有觉，有疑方有进。当他的五哥陆九龄读《论语》时，就问陆九渊对其中《有子》一章有什么看法。陆九渊认为这一章是有子的话，不是孔子的言论。陆九龄说有子是孔子的主要门人，不可轻议。陆九渊却不以为然，对这位贤人进行批评，说："夫子之言简易，有子之言支离。"

37岁时，陆九渊应理学家吕祖谦之邀，与五哥陆九龄在信州鹅湖寺会见朱熹，辩论理学问题。

后来他被差管台州崇道观，因这只是个管理道观的闲职，他便归江西故里讲学去了，最后他汇集了四方学者。

宋光宗即位时，陆九渊又被任荆门军，此间他治绩显著，"厚风俗"，"申严保伍之法，盗贼或发，擒之不逸一人"。因荆门处江、汉之间，为四战之地，陆九渊遂筑城壁以御边防。

学术方面，多年的探索及教学积累的经验，使陆九渊形成了自己的"心学"思想，并积极与当时很多著名的思想家进行讨论。

1180年，陆九渊43岁，应朱熹之邀，去南康白鹿书院讲学，这次演讲，陆九渊演讲的主题是"君子喻于义，小人喻于利"。

■ 陆九渊画像

这句话出自《论语》，有很多人讨论过，是个老生常谈的题目，但陆九渊却讲得新意迭陈。他提出"君子""小人"的差别不在于外在的行为，而在于他们的"志"，志向指向哪里，行为就会有怎样的表现。

1187年，陆九渊在贵溪应天山讲学。他嫌应天山与佛教徒有瓜葛，根据山形，改名为"象山"。他自称为"象山居士"，又称"象山翁"。这在陆九渊心学的发展过程中，至关重要。

陆九渊的讲学吸引了很多人

白鹿书院 即白鹿洞书院，位于江西省九江市庐山五老峰南麓，享有"海内第一书院"之誉。始建于公元940年，是我国首间完备的书院。宋代理学家朱熹出任知南康军时，重建书院，亲自讲学。白鹿洞与岳麓、应天、石鼓并称天下四大书院。

■ 书院学生蜡像

程颐（1033—1107），字正叔，洛阳伊川人，世称伊川先生，北宋理学家和教育家。历官汝州团练推官、西京国子监教授。1086年除秘书省校书郎，授崇政殿说书。与其胞兄程颢共创"洛学"，为理学奠定了基础。与其兄程颢不但学术思想相同，而且教育思想基本一致，合称"二程"。

来听讲，"居山五年，来见者案籍数千人"。通过讲学，在他的周围聚集了为数众多的信仰者，逐渐形成了一个学派。

陆九渊经常与朱熹书信往来，讨论"无极""太极"一类的理学问题。二人各抒己见，相互诘问，讨论异常激烈。陆九渊和朱熹一样，认为宇宙的本原是"太极"，是"理"，但是他反对"无极而太极"的提法，认为这不是周敦颐的原意。

陆九渊的"理"所包含的内涵，即所谓"正理""实理""公理""常理"，则是先天固有的仁、义、礼、智等封建伦理纲常和万物的规律。

陆九渊强调本体与主体的合而为一，本体服从主体，把本体，即"理"，安置在主体，即"心"之中，从而提出与朱熹"性即理"相对的"心即理"的哲学命题。

在陆九渊看来，"心"即是宇宙的最高的本体，"心"与"理"是一个，是不容分开的。世间万事万物都生于心中，充满心中而往外发散，便充塞于宇宙之中。而充塞于宇宙之间的，没有不是"理"的。因此他说，"宇宙就是我心，我心就是宇宙"，理没有不包含于心中的。

陆九渊的心学思想，在他看来，是直接继承孟子的思想，他不承认程颐、朱熹是孟子的直接继承者，只有他的心学才是真正继承了孟子思想的正统。

为了强调"心"的作用，陆九渊多次声明"先立乎其大者"。所谓"大者"乃是指"心"，即首先要"立心"，只要把心立起来了，就能从总体上来认识事物，从总体上来认识，则各个局部就自然明了。

同时，陆九渊也主张"学"，主张读书。他认为学问的目的是在"为人""做人"，即要"明理""立心"。

在他看来，不仅要做一般人，还应该做无所不知、无所不能的人，通过"学"就能知"本"。"心"就是宇宙的本体，宇宙的一切都在心中。因此他提出，既然六经都是我"心"的注脚，我心何必注六经？

因此，陆九渊主张要读书，但

纲常 即三纲五常的简称。封建时代以君为臣纲，父为子纲、夫为妻纲为三纲，仁、义、礼、智、信为五常。"三纲五常"体现了整个封建统治的各种关系，成为封建立法的指导思想，是封建统治阶级用来控制人们思想的思想武器。

再创高峰

宋明理学

■ 陆九渊画像

■ 古代书院内景

朱学 指宋代思想家朱熹的学说及其学派。朱熹发展了北宋二程，即程颢、程颐的哲学理论，建立了一套完整的客观唯心主义的理学体系，主张以天理克服人欲，提倡封建道德伦理。明清两代被尊为儒学正宗。

不必多读。他反对当时学者注疏经传，认为是随意增加经典的内容，而主张减少烦琐的注疏，使之恢复本来面目。

在鹅湖之会上，陆九渊和朱熹就方法论的问题展开了激烈的争论。朱熹主张"泛观博览，而后归之约"。陆九渊则主张"发明人之本心，而后复使之博览"。

陆九渊认为朱熹的方法论是"支离""烦琐"，而自己的才是"简易功夫"。为此，他提出：

易简工夫终久大，支离事业竟浮沉。

既不知尊德性，焉有所谓道问学。

实际上，朱、陆之争还表现在心性说的问题上，朱熹对心性才情有严格的区分，陆九渊却认为"情性心才"都是一样的。

陆九渊从24岁至54岁的近30年中，主要活动是建立心学体系、传播心学理论，从而形成有自身特点的学派。

陆九渊作为心学的代表人物，与朱学相对立，但是陆九渊在学术上主张不要"护门户"，他说，后世言学者须要立个门户。此理所在，安有门户可立？学者又要各护门户，此尤鄙陋。

陆学作为一个学派，陆九渊建立了与程朱理学抗衡的"心学"哲学体系，提出"心即理"而不同于朱熹的"性即理"说。

陆九渊企图从事物的合一、同一方面去探索和认识世界，却把客观世界规律纳入"吾心"之中，以"吾心"去统一真理，又使自己陷入主观唯心主义。

陆九渊的哲学思想经后人充实、发挥，成为明清以来的哲学流派之一，一直影响到近现代中国的思想界。

阅读链接

陆九渊曾写了一首诗《语录》赞赏自己："仰首攀南斗，翻身倚北辰。举头天外望，无我这般人！"这首诗境极为孤高，前两句用自己轻轻一勾就能攀上"南斗"和"北辰"以暗喻自己心灵之"高大"，可以充斥整个宇宙，这句诗极得心学之理趣：我心即宇宙。

随后写抬头看天外，再也找不到自己这样的人了，顿时诗境便刻画出了一种超越时空的孤寂感，望着无尽空虚的"天外"，"这人"又显得如此渺小。整首诗充满了张力，刻画出一位在星空下独醉的哲人形象。

对理学大师朱熹，陆九渊是这样写的："吾尝与晦翁书云：'揣量模写之工，依仿假借之似，其条画足以自信，其节目足以自安'，此言切中晦翁之膏肓。"就是说，朱熹在他眼里不过是一个"假道学"而已。

心学集大成者王守仁

宋代之后，理学继续发展，至明代，心学的出现，标志着理学发展到了一个新阶段。而集明代心学之大成者当属王守仁，他精通儒家、道家、佛家之学，将心学发展成为"知行合一"的哲学理论，使其更易于社会实践。

王守仁于1472年10月生于浙江绍兴府余姚县，幼名云，字伯安，别号阳明。

王守仁母亲早亡，父亲又忙于科举考试，因此11岁前在祖父王伦培养下成长。读书时，抱着"读书学圣贤"的志向。

王守仁后随父亲王华到北京任所，一度热心骑射，继又研习兵法。在京读书时，有一

王守仁画像

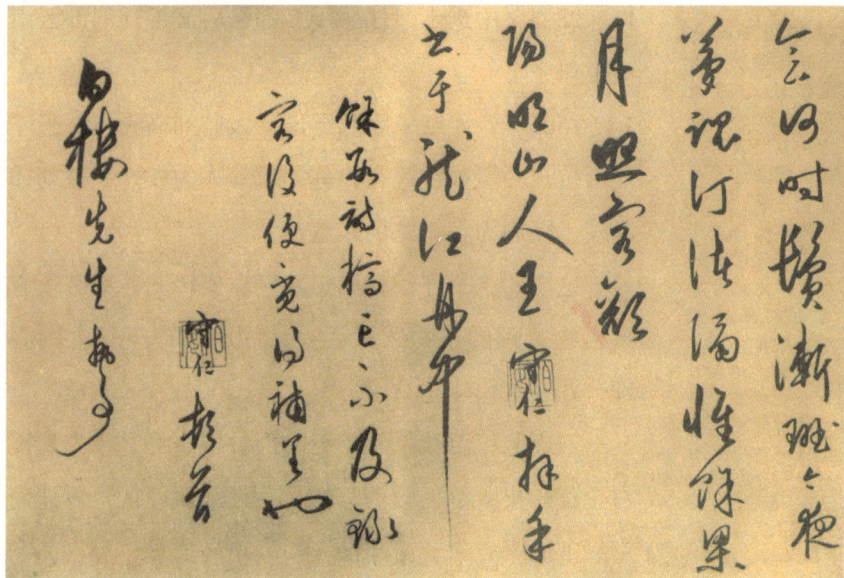

■ 王守仁书法

次，他问老师："人生最重要的事情是什么？"老师
回答道："莫过于科举中进士！"

王守仁不以为然，反驳说："举进士不能算第一
等事，读书学做圣贤，才是头等大事。"言谈中可见
其志向远大，此时，王守仁仅仅12岁。

王守仁18岁时在回余姚的途中拜访程朱派学者娄
谅，娄谅向他介绍了朱熹的格物说和圣人可学而至的
思想，使他很受启发。

为了实践朱熹的"格物致知"，有一次王守仁下
决心穷竹之理，"格"了七天七夜的竹子，什么都没
有发现，人却因此病倒。从此，他对"格物"学说产
生了极大的怀疑。

格物不得其门，王守仁遂转向"词章之学"，这
一时期，他的主观唯心主义世界观开始形成。

21岁时，王守仁便中乡试，于是遍读了朱熹著

乡试 我国古代
科举考试之一。
唐宋时称"乡
贡""解试"。由各
地州、府主持考
试本地人，一般
在八月举行，故
又称"秋闱"。
金代以县试为乡
试，由县各为试
官，取中者方能
应府试。明清两
代定为每三年举
行考试一次，考
中者原则上即获得
了选官的资格。

作。28岁又中进士，任职于工部，后又担任刑部云南清吏司主事。

1506年，武宗朱厚照继位，太监刘瑾弄权，王守仁因抗疏救援戴铣等人，称刘瑾等人为权奸，被刘瑾廷杖，贬谪为贵州龙场驿丞。

这期间，王守仁的思想发生重要转变，突破了朱熹格物穷理的格物致知说，认为所谓理就是人的心理，并在贵州建立龙冈书院。

刘瑾等权臣被杀后，王守仁被接连提升，先是擢右金都御史，继任赣南巡抚，后拜江西巡抚，再迁南京兵部尚书，封"新建伯"。因功高遭忌，辞官回乡讲学，在绍兴、余姚一带创建书院，宣讲"王学"。

王守仁从34岁开始，就从事讲学活动，直至去世。其中绝大部分时间均是一面从政，一面讲学。他

书院 宋代的地方教育组织。书院之名始见于唐代。最初，书院为民办的学馆，原由富室、学者自行筹款，于山林僻静之处建学舍，或置学田收租，以充经费。后由朝廷赐敕额、书籍，并委派教官、调拨田亩和经费等，逐步变为半民半官性质的地方教育组织。

■ 王守仁书法

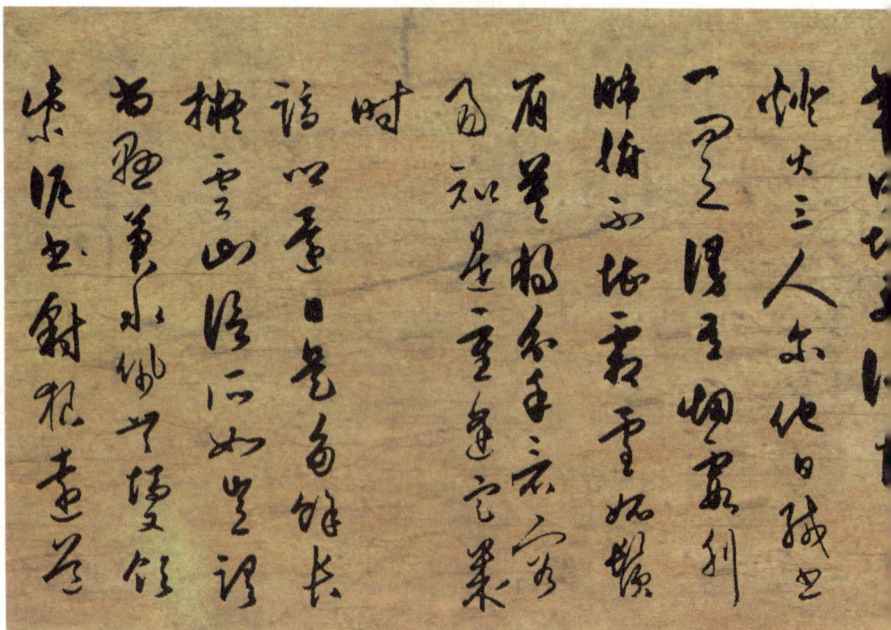

所到之处，讲学活动不断，并热心建立书院、兴办社学、建立学校，对明代中期讲学之风的兴起和书院的勃兴起到了一定的推动作用。

明代中期，程朱理学仍然是官方哲学，王守仁在青年时代曾信奉朱熹的哲学。但是，由于他遭受贬谪，有机会接触下层社会，对程朱理学的弊病便有了深刻的认识。

当时朱熹等理学家注释的"四书""五经"，成了科举考试的标准答案。读书人只有背熟《四书集注》，才能考取功名。

至于理学家们身体力行的道德修养，由于其方法的烦琐和陈腐，逐渐被人们抛到脑后去了，从而形成了空谈性理而道德沦丧和腐败的学风，并由此而影响到社会风气的颓废与败坏，致使明王朝的统治面临严重的危机。

这个弊病使王守仁抛弃程朱理学而向陆九渊的心学靠拢，并大大地发展了陆九渊的心学。王守仁的诸多观点与朱熹的观点大相径庭，朱熹将《大学》一书分为经传，并补写格物致知传；王守仁则认为原

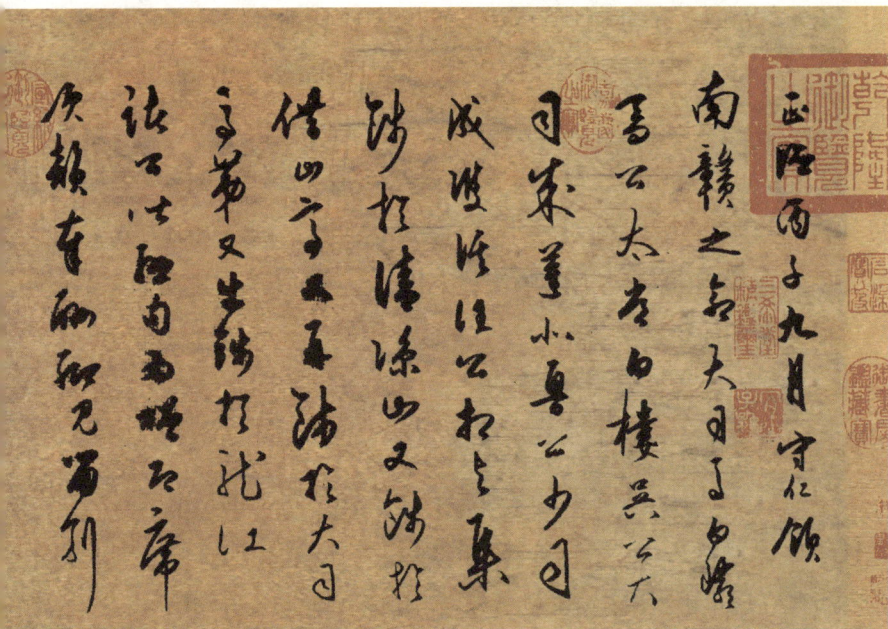

王守仁画像

无经传可分，更无经传可补。

朱熹重视"格物致知"，把它置于"诚意"之先；王守仁则认为格致本于诚意，以诚意为主。朱熹将心与理析而为二，把知与行分离开来；王守仁则主张心与理一，知与行合。朱熹以格物为穷理，注重外界一事一物之理，要求对经典的一字一句细心理会；王守仁则认为朱熹这种方法是务外遗内、博而寡要，他以格物为正心，要求发挥良知的作用，以良知为评判事理的标准和解释经典的根据。

王守仁继承了陆九渊"心即理"的思想。同陆九渊一样，他认为"心"并非血肉之心，是指人的感性认识和更高的支配人视听言动的指挥部。

王守仁心学的特点是他的"良知说"。他认为，人心之灵明就是良知，良知即是"天理"，故不可在良知之外求天理。天地万物皆从良知中产生。没有良知，便没有天地万物，但良知为人心之所固有。

他又说，良知是"天渊"，是天地万物发育流行的根源，因此，良知又称为"太虚"。天地万物在太虚中发育流行，就是在良知中发育流行，而不在良知之外。

"知行"问题是中国哲学史上的一个古老问题，也是宋明时期讨论的重要课题之一。"知行合一"的提法，为王守仁所首创，因此他的知行观在儒学史上产生了较大的影响。

王守仁不赞成朱熹的知先行后说，他认为"知"与"行"两者是合二而一的。他的"知行合一"以"心即理"，也就是以心理合一为理论基础。

他认为把知行分为两件事，就会产生不良的后果。当人有某种意念萌发时，这种意念虽然是不好的，但因为并没有付诸行动，就不去禁止，所以他要提倡"知行合一"。

王守仁认为，要做到"知行合一"，首先要能够静下心来，摒弃自己的私心杂念。光是自己坐在那里想还是不行的，如果人老是坐在那里"冥思苦想"，坐久了就会出现一些问题，比如"喜欢安静，讨厌活动"，因此人还要多多"事上磨炼"，做到"知行合一"，这才是道德的完成。

王守仁曾经举过一个例子来说明他的"知行合一"的观点。例子是这样的：

当有一个人看见一个小孩子掉到井里面，必然会动恻隐之心，倘若顺着这种恻隐之心的自然发展，他必定会奔走呼救，这就是"知行合一"，也就是王守仁所说的"知是行之始，行是知之成"。

但是，倘若这个人此时转念，畏惧艰险，或者因为和孩子的父母关系不好而不施援手，那就说明是有"知"而"无行"了。

王守仁（1472—1529），明代著名的思想家、文学家、哲学家和军事家，陆王心学之集大成者，精通儒家、道家、佛家。他和孔子、孟子、朱熹并称为孔、孟、朱、王。他的学术思想传至日本、朝鲜半岛以及东南亚等地。谥文成，故后人又称他为王文成公。

再创高峰

宋明理学

■ 王守仁碑刻

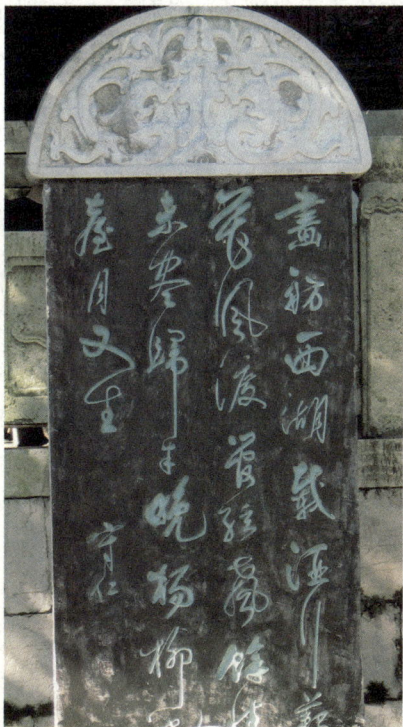

王守仁的"知行合一"说混淆了"知"与"行"的差别，仍然是唯心主义的。但是比朱熹的"知先行后"说，更重视了"行"在认识中的作用。这种知行观在当时出现是有积极意义的，可以说促进了知行观的发展。

在为学问题上，王守仁同陆九渊一样，主张"简易"，反对"支离"，"简易"到连《六经》也不必多读，而应把重点放在发展"心学"上面。

像陆九渊一样，王守仁把自己的学说标榜为心学。他所构建的以"致良知"为核心内容的心学体系，在理论形态上把宋明理学推向了最高的顶峰。

王守仁的心学思想突破了"天理"的一统局面，打破了人性品级的区别、等级的划分，有着巨大的现实意义，产生了重大影响，一度取代了程朱理学的地位，左右我国思想界长达百年之久。

虽然，王守仁的心学思想体系存在某些弊端，但这并不影响它在儒学上的地位，也没有减弱对后世的巨大影响。

阅读链接

王阳明的文学成就也很高，他一生中写过许多文章，著作有《王文成公全书》，全书共38卷，这本书比较集中地反映了他的心学思想。另外，他被收入《古文观止》的文章有两篇，都是在贵州所作。一篇是千古不磨的《瘗旅文》，激情所至，一气呵成，哀吏目客死他乡的悲凉，叹自己落魄龙场之不幸，抒发忧郁愤懑之情怀，如泣如诉，句句是泪，字字是血，令人读后莫不黯然垂泪。

另一篇是《象祠记》，这是受贵州宣慰司宣慰使安贵荣之托而写的，阐述了"天下无不可化之人"的哲理，萌发出"致良知"的思想。

晚期心学代表刘宗周

刘宗周是心学的晚期代表，初名宪章，字启东，一作起东，号念台，因在浙江山阴县城北之蕺山讲学，因此又称蕺山先生。

刘宗周出生后不满一岁，父亲就去世了，自幼随母亲生活在外祖父章颖家。章颖字叔鲁，别号南洲，是当时浙东一带很有名气的儒者，精通《易》学。

章颖年轻时屡试不第，遂以讲学为生，与族兄章礼、章焕号称"章氏三杰"。他有一套独特的教学方法，故门生之中不乏擢高第、登显宦的人，如陶望龄、周应中等著名学者和官僚都出自他的门下。

刘宗周自幼受外祖父悉心培育，本身又很勤奋好学，因此学识增进很快。17岁时，拜鲁念彬学习制艺。由于他本人的努力，加上先生善于造就，只用了一年左右的时间，刘宗周的八股文就作得很好，为以后登第创造了条件。

1597年，刘宗周考中了举人，4年以后，年仅23岁的刘宗周又考取了进士。但因母亲去世，他没有受官。后来经人介绍，他又师从湖州

儒学根源

儒学历史与文化内涵

明代授官图

举人　原意是被荐举之人。汉代取士，无考试之法，朝廷令郡国守相荐举贤才，因以"举人"称所举之人。唐、宋时有进士科，凡应科目经有司贡举者，称为举人。至明、清时，则称乡试中试的人为举人。中了举人叫"发解""发达"，简称"发"。

德清学者许孚远。

不久，刘宗周出任仕官。当时朝政黑暗，权臣当道，排斥正人。刘宗周任官不到一年，就以侍亲为由，告辞还乡。不久，外祖父、祖父相继去世，刘宗周于居丧期间，在大善寺僧舍延课授徒，以此为生。

1612年，因人推荐，朝廷下诏恢复刘宗周行人司行人的旧职。在北上途中，刘宗周路过无锡，拜访了理学家高攀龙。高攀龙是东林书院的创建人，天下士大夫仰之为泰山北斗。

刘宗周在无锡短暂停留，与高攀龙相互切磋学问。当时东林党人与朝中大臣互相攻讦，形同水火。刘宗周便上了一篇奏疏。这篇奏疏对当时的党争作了持正的分析，不全以东林党人为是，也不全以东林党的政敌为非。但朝中党派倾向已很明显。这篇奏疏被认为同情东林党，遭到激烈抨击。

江西巡抚韩浚上疏弹劾刘宗周，说他"行伪言坚"，足以乱天下而有余，其他党徒也相继对他进行攻击。刘宗周已无心做官，于是罢官踏上归乡之路。

解官后，刘宗周的心情反而轻松。他早就想潜心学问，摆脱世事的缠绕。这回遂了他的意。刘宗周在家一待就是3年。这期间，他的学术思想日渐成熟，名声远扬。

刘宗周早年不喜王守仁之学，中年后却信从其学说，至晚年提出他自己的以慎独、诚意为宗旨的思想。他的基本思想并未超出心学的范围，但对明朝中叶以来心学的发展作了一定程度的批判总结。

刘宗周所理解的心之本体是指意识主体的一种原始的意向。他强调意不是念，念有起灭而意无起灭。刘宗周与弟子的一段对话是这样的：弟子问："一念不起时，意在何处？"

刘宗周答道："一念不起时，意恰在正当处也。念有起灭，意无起灭也。"

弟子又问："事过应寂后，意归何处？"

刘宗周答道："意渊然在中，动而未尝动，所以静而未尝静。"

由于刘宗周把"意"看作心理结构中最根本的范畴，故又常把这个意称为"意根"。刘宗周又指出"意无所为善恶，但好善恶恶而已"，也就是说，"意"只是善必

行人司 古代官署名。明洪武十三年设置。设行人，正九品，左、右行人，从九品。后改行人为司正，左、右行人为左、右司副，另设行人三百四十五人。后均以进士充任，升品秩。掌传旨、册封等事。

■《大学读本》

好、恶必恶的一种潜在意向，不是好善恶恶的具体活动。

在刘宗周看来，作为心之主宰的"意"，也就是《大学》《中庸》所说慎独的"独"。他认为，独既是心体，也是性体。因此"独体"即独的本然之体，就是指意。这样他把良知与意统一起来了。

刘宗周认为诚意是最根本的功夫。诚意是统帅，致知是辅助诚意的方法。没有诚意的主宰，所致的知可能只是没有定向的知觉意念，有诚意作为主导，致知才能有保证地在至善的方向上发挥作用。

理气关系是刘宗周心学思想中的重要方面，他主张气是第一性的，理是第二性的。他还以理气论来说明善与心性的关系。

刘宗周发挥"诚意""慎独"的学术思想，写下了《读易图说》《易衍》《古易钞义》《大学诚意章章句》《证学杂解》《良知说》《存疑杂著》等重要著作。

他对王阳明及其后学进行了批评，在一些关键问题上，对宋明理学进行了总结。其思想理论吸收了气学的世界观，深化了心学的修养功夫理论。

阅读链接

刘宗周"慎独"之说与许孚远有很大的关系。许孚远，字孟仲，号敬庵。许孚远一生精研理学，聚徒讲学。他对王阳明"良知"之学推崇备至，把很多精力都放在了为王阳明正传上。

刘宗周拜许孚远为师时，问为学之要，许孚远告以"存天理，遏人欲"。刘宗周受许孚远的影响，从此"励志圣贤之学"，认为入道莫如敬，以整齐严肃人，"每有私意起，必痛加省克"。1604年，刘宗周北上京师赴选，路过德清，拜别许孚远，许孚远勉励他"为学不在虚知，要归实践"，刘宗周"为之猛省"。他一生对许非常推崇，曾说："平生服膺许师。"

从明末到清末，儒学朝着经世致用的方向发展。经世致用指学问必须接受实践，有益于国家。这个口号由明清之际思想家顾炎武等提出。顾炎武等人认为学习、征引古人的文章和行事，应以治事、救世为急务，反对理学家不切实际的空虚之学，对后人影响很大。

清初，顾炎武正式提出了"经学即理学"的说法，黄宗羲提倡学者必须首先研究经学，到清代中期，经学考证已成风气。"道问学"在儒学中居主导地位，戴震是其重要代表之一，体现了不凡的作用。

走向实践

顾炎武的经世致用之学

顾炎武，原名绛，字忠清，号亭林，学者尊其为亭林先生。明朝灭亡后，改名炎武，字宁人，江苏昆山县人。顾炎武知识渊博，与黄宗羲、王夫之并称"明末清初三大儒"。

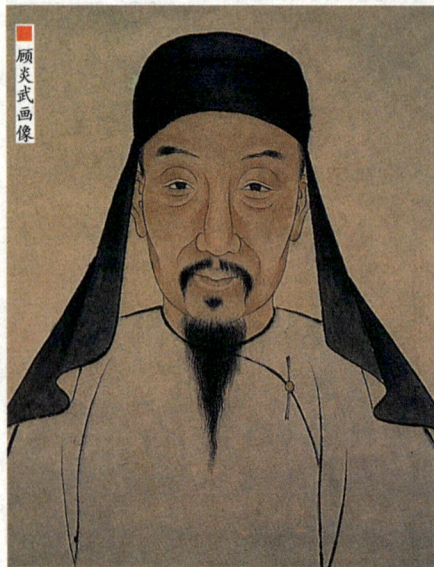
顾炎武画像

顾炎武生于1613年，那个时候处于明万历年间，由于明代封建王朝衰败，国力削弱。东北满族领袖努尔哈赤乘机而起，不再接受明代朝廷的统辖，先于1616年建立地方性政权，国号大金。

后来，努尔哈赤的儿子皇太极将金改称为清。明王朝为了同实力不断扩大的后金作战，导致国内矛盾加剧。顾炎武的童年时代，所面临的就是这样一个严峻的社会现实。

顾炎武出身于一个没落的官僚世家，自幼过继给孀居的叔母。叔母知书达理，不仅以《大学》之道教其立身，而且时常给他讲述明初刘基、方孝孺、于谦等人的报国业绩，在做人方面给他启迪。

顾炎武从9岁起，便不间断地读古代的历史名著如《史记》《左传》《战国策》《国语》《资治通鉴》等，还认真地读了像《孙子》《吴子》一类古人谈军事的书。这和他以后儒学思想的形成有着很大的关系。

14岁时，顾炎武取得诸生资格后，与同窗归庄兴趣相投，遂成莫逆之交。到18岁时二人前往南京参加应天乡试，共入复社。二人个性特立耿介，时人号为"归奇顾怪"。

实际上，顾炎武和归庄是当时称得上优秀之才的年轻人。他们对社会现状有着同样的看法，对当时败坏的社会风气都深恶痛绝，志向远大，两人可以说是志同道合，并非是特立独行的孤傲之人。

借助于进步组织复社，顾炎武和归庄同各地来的读书人一道，既论文又议政，抨击朝廷中的贪官污吏，议论国家大事。

顾炎武连续参加了几次举人的资格考试，但均以失败告终。27岁时，是他为取得举人资格而进行的最

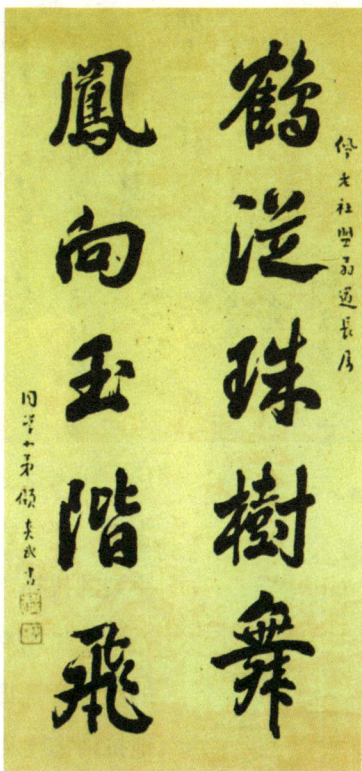

■ 顾炎武手迹

《吴子》
《吴子》又称《吴子兵法》《吴起兵法》，是一部兵法著作。提出以治为胜，赏罚分明，主张车军队实行"进有重赏，退有重刑"。

■ 顾炎武手迹

后一次考试，在遭受失败后，他认识到科举制度的危害性。严峻的社会现实，更促使他做出了同科举制度决裂的抉择。

正当顾炎武在求学的道路上探索之时，明清更迭的历史变迁把他赶出了书斋。他辗转于太湖沿岸与各地抗清志士秘密往来。1657年秋，45岁的顾炎武将家产全部变卖，只身北上，开始了此后20多年转徙不定的游历生涯。

有时直接走过平原旷野时，没有什么值得留意的，顾炎武就在马背上默读各种经典著作的注解疏证；偶尔有忘记的，就立即在附近街市中的客店打开书仔细认真地反复查看。从中可见，顾炎武的勤奋和务实的精神。

在这期间，顾炎武除陆续撰写大量的诗文杂著外，把很多时间都用于他一生最重要的代表作品《日知录》的写作上。

顾炎武广泛涉足于经学、史学、方志舆地、音韵文字、金石考古以及诗文等学，在众多的学术领域取

科举制度 历代封建王朝通过考试选拔官吏的一种制度。由于采用分科取士的办法，所以叫做科举。科举制从隋朝大业三年，即607年开始实行，到清朝光绪三十一年，即1905年举行最后一科进士考试为止，经历了约一千三百年。

得了卓越的成就。除《日知录》外，相关著作还有《音学五书》《军制论》《天下郡国利病书》《金石文字记》等。

顾炎武可以说是清朝的"开国儒师""清学开山"的始祖，他在性与天道、理气、道器、知行、天理人欲诸多范畴上，都显示了与程朱理学不同的为学旨趣。

他提倡经世致用，反对空谈，注意广求证据，提出："君子为学，以明道也，以救世也。徒以诗文而已，所谓雕虫篆刻，亦何益哉？"

此话的大意是：大丈夫之所以学习，是为了明白事理，为了济世救民。如果只是为了吟诗作赋，玩文字游戏，那就成了所谓的雕虫小技，又有什么用处呢？

顾炎武为学以经世致用的鲜明旨趣，朴实归纳的考据方法，创辟路径的探索精神，及其在众多学术领域的成就，开启了一代朴实学风的先路，给予后世学者以极为有益的影响。

顾炎武锋芒所向，首先便是王阳明心学。在他看来，明末的国家动荡不安，政权不稳，以致亡国，正是王

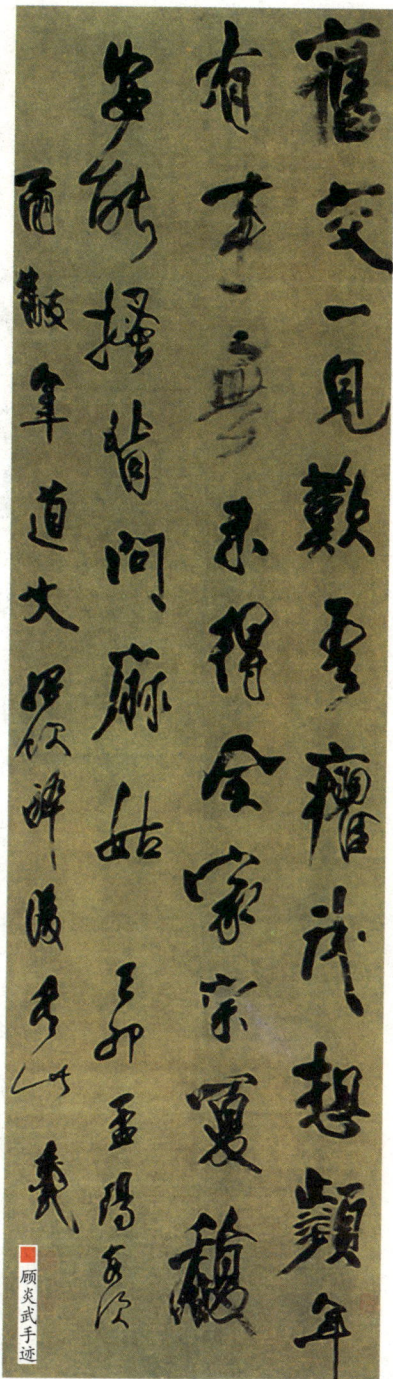

顾炎武手迹

■ 顾炎武像

儒学根源

儒学历史与文化内涵

禅学 禅主要是人的一种精神修持方法，是信奉者的一种体悟真理或最高实在的方法，是其摆脱外界干扰，保持内心平静的方法。禅学从印度传入我国后，在我国发展十分迅速。

阳明心学空谈误国的结果。

在他看来，心学不是儒学的正统，不符合孔孟之论。因为以"性与天道"为论证对象的宋明理学不顾国家安危，不去考经据典，而是津津乐道于性与天道，实际上就已经堕入禅学泥潭。

在宇宙的本体这个问题上，顾炎武同张载一样，主张气本论。他认为充满天地间的是气，一切存在的都是气的聚散，人心不过是物质的精气。这是一种"唯物"的观点，这种观点明显要先进于宋明理学的唯心论。

程朱理学讲"格物穷理"。顾炎武也讲"格物致知"，在他看来，"格物"之"物"，既不是"鸟兽草木"，也不是性与天道，而是国家治乱的源泉、人民生活的根本，是保卫国家民众的责任。

这样的"格物观"表明，它既不同于王守仁的"致良知"，也不同于朱熹的"穷理"，实际上已冲破理学的藩篱，将视野扩展到广阔的社会现实中去了。

顾炎武把经学视为儒家正统，在他看来，不去钻研儒家经典，而沉溺于理学家的语录，就叫学不知本。

因此，顾炎武主张要"博学于文"，意思就是要饱读圣人之学，熟读儒家经典。顾炎武"博学于文"的为学宗旨一大特色，他不仅强调读书，而且提倡走出书斋、到社会中去考察。他说：

人之为学，不日进则日退。独学无友，则孤陋而难成。……犹当博学审问。……若既不出户、又不读书，则是面墙之士，虽子羔、原宪之贤，终无济于天下。

他提倡读书与考察相结合的方法，就是后来所说的理论和实践相结合的方法。这个方法的提出和运用，开创了清初实学的新风。

有鉴于明末清初有些学人和士大夫寡廉鲜耻、趋炎附势而丧失民族气节，顾炎武把"博学于文"与"行己有耻"结合起来。

"行己有耻"，即要用羞恶廉耻之心来约束自己的言行，是对于立身或修身的要求。顾炎武强调"博学于文"和"行己有耻"二者的关系。他说：

士而不先言耻，则为无本之人；非好

■ 顾炎武故居

因此，他认为只有懂得羞恶廉耻而注重实学的人，才真正符合
"圣人之道"。否则，就远离了"圣人之道"。"博学于文""行己有
耻"，既是为学宗旨和立身处世的为人之道，也是其崇实致用学风的
出发点。

顾炎武以一生的实践，表明其学以致用，反对内向主张外向的务
实学问。比如，他认为史籍的编纂根本之点在于征实去伪，继而他提
出治史就是要经世致用。

经过顾炎武与其他学者的共同倡导，清初儒学在为学方法上，形
成了有别于宋明理学的朴实考经证史的历史特征。

顾炎武开创的严谨务实的学风，经世致用的治学宗旨，朴实简洁
的为学方法，对其后的学风和治学起到了积极的作用和重大影响。

阅读链接

顾炎武的家中收藏有很多图书，他日以继夜地从这些书籍
中搜集有关农业、水利、赋税、矿产、交通等方面的材料，打算
编成一部分量很重的书。这部书虽然因为社会动荡而没能编写成
功，但是，基本材料都完整地保存下来了。

后来，顾炎武把这些重要资料一分为二，其中有关经济资料
的汇编叫《天下郡国利病书》，有关地理资料的汇编就叫《肇域
志》。这两部资料汇编性质的书，内容丰富、史料翔实，对于后
世学者研究我国古代尤其是明代的经济史和历史地理学，都具有
十分重要的参考价值。

黄宗羲的儒学思想体系

黄宗羲和王夫之是继顾炎武之后，清初思想界的重要代表人物，他们二人与顾炎武并称为"明末清初三大儒"，其思想对后世有着巨大的影响。

黄宗羲，字太冲，号南雷，又号梨洲，后世称南雷先生或梨洲先生，浙江宁波余姚人。

黄宗羲于1610年出生在一个官僚家庭，他的父亲黄尊素是万历年间进士，为东林党人。黄尊素曾任明熹宗天启监察御史，因弹劾阉党，被阉党诬陷，冤死狱中。

1628年，年仅18岁的黄宗羲怀揣着铁锥，千里迢迢赴京为父鸣冤。审讯阉党党人许显纯时，黄宗羲以铁锥击刺许显纯。审讯阉党党人李实之时，又以铁锥刺李实。黄宗羲因此声名

黄宗羲画像

儒学历史与文化内涵

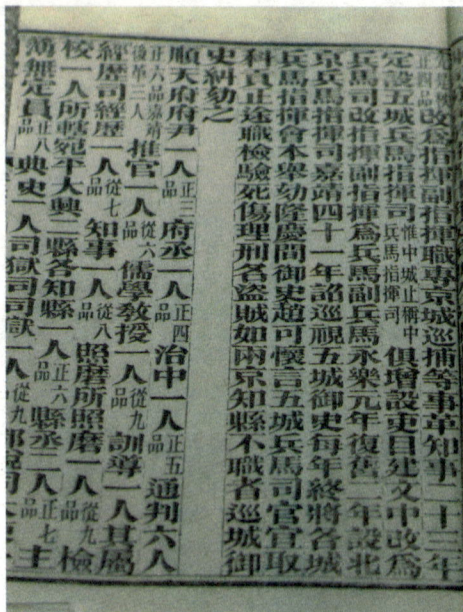

■《明史》

《明史》二十四史最后一部，共332卷，包括本纪24卷，志75卷，列传220卷，表13卷。它是一部纪传体断代史，记载了自朱元璋洪武元年即公元1368年至朱由检崇祯十七年即公元1644年共200多年的历史。

四起，人称"姚江黄孝子"，明思宗叹其为"忠臣孤子"。

黄宗羲遵从父亲的遗命，拜晚明儒学殿军刘宗周为师。同时，又苦读史书，由明代《十三朝实录》开始，进而遍读"廿一史"。

明代中叶以后，王阳明的心学盛极一时，至明末，王阳明之学融入佛学，致使禅学弥漫。黄宗羲年轻气盛，邀请文士壮大刘宗周的实力，以对抗王阳明之学。在明朝灭亡之后，黄宗羲参加抗清活动，屡次遭受追捕。后来隐居著述讲学。清康熙皇帝曾接连两次征召黄宗羲赴京任博学鸿儒，但是均遭到了黄宗羲的拒绝。

康熙欲编修《明史》，又一次想起黄宗羲，他邀请黄宗羲主持这项工作。黄宗羲又一次拒绝了。但在编修《明史》时，编修人员经常来请教他，黄宗羲会把自己的意见提出来，编修人员则根据其意见修改。

康熙年间，黄宗羲游历浙东各地讲学，致力于刘宗周遗书整理，并宣讲刘宗周一派的学术主张。浙东各地一时间人才辈出，经史之学蔚为大观，渐渐形成了浙东学派。

黄宗羲从古代儒家思想学说中汲取了丰富的营养，构筑起了自己具有时代特色的思想体系。

黄宗羲从"民本"的立场来抨击君主专制制度。"君为臣纲"是封建伦理道德，居于三纲之首。黄宗羲对"君为臣纲"的封建伦理关系及等级制度进行了无情的批判。

自古以来"天子受命于天，天下受命于天子"的理论，给君权蒙上了一层神秘色彩。黄宗羲抹掉了君主头上的神圣光圈，揭开了历史真相，认为君主历来都是"天下之大害"，为了一己之私，"敲剥天下之骨髓，离散天下之子女"，这是对封建专制的有力控诉。

黄宗羲还痛诉了"君要臣死，臣不得不死"这种不合理的君臣关系，认为做臣子的不应对皇帝盲目顺从，做官的应是"为天下，非为君也；为万民，非为一姓也"。在总结明代学术发展史过程中，黄宗羲提出了一系列具有思想解放意义的新见解。他反对宋学中"理在气先"的理论，认为"理"并不是客观存在的物质实体，而是"气"的运动规律，认为"气质人心是浑然流行之体，公共之物也"，这个观点具有唯物论的特色。

在《明儒学案》中，黄宗羲提出要冲破"成说"的束缚，反对沿袭"先儒之语录"，提倡学贵在于自得，学贵在于创新。

在《孟子师说》题辞中，提出了对待儒家经典的十六字原

■ 黄宗羲像

《明儒学案》是一部系统总结和记述明代学术思想发展演变及其流派的学术史著作。全书一共62卷。全书列出了17个学案，每个学案都有较为固定的结构，有案序、传和语录。其中案序为概说该学派的基本情况，传是学者传记，语录是收录该派名言至理并附有评论。

经世致用

走向实践

则，即"当身理会，求其着落"，"屏去传注，独取遗经"。核心意思是不应把经典教条化、僵化，也不应苟同于某人某家之说，而应当自己各有见解。

黄宗羲认为要探求真理，必须学术殊途，学派纷争，这样真理才能不断发展，人的认识才能不断提高，否则便会阻碍学术的发展。他还指出由于学术的不同，对真理的认识并非独家所专有，要获得真理，不认真读书钻研，靠空疏无用的夸夸其谈，是难有作为的。

黄宗羲对在程朱理学独尊的思想文化专制主义统治下，许多人毫无创见，碌碌无为，缺乏真知灼见感到十分痛惜，他呼吁人们要勇于创新，敢于创新。他的见解与宋明理学的主旨有着迥然不同的地方，其中贯穿着"经世务实"的指导精神，突破了宋明理学的独尊地位。

黄宗羲著述多至50种，300多卷，其中重要的有《明儒学案》《宋元学案》《明夷待访录》《孟子师说》《易学象数论》《明文海》《行朝录》《四明山志》等。

阅读链接

黄宗羲渊博的学问来自于他的丰厚藏书。他嗜好藏书，喜欢抄书、借书。他读遍家中所有的藏书后仍感到不足，便借抄于范钦"天一阁"、曹溶"倦圃"、徐乾学"传是楼"、钱谦益"绛云楼"、祁氏"澹生堂"、钮氏"世学楼"等藏书楼之书。每次借书回来时，常带一书童携书同返。

黄宗羲访求足迹几乎遍及大江以南所有著名的藏书家。祁氏"澹生堂"藏书散出，精华图书大部分都被黄宗羲所得。黄宗羲提倡藏书在于致用，反对只藏不用、视为珍玩的鉴赏家。他告诫学者："当以书明心，勿玩物丧志也。"历经几十年辛勤收集和整理勘校，黄宗羲的藏书达7万卷之多。他收集史料的方法，也影响了同代的学者如全祖望、厉鹗等人，对清代文化、学术的发展有一定影响。

王夫之的儒学思想体系

王夫之，字而农，号薑斋，别号一壶道人。1619年，王夫之出生于一个儒学世家，他的父亲王朝聘十分尊尚程朱理学。

王夫之自幼天资聪明，对古文化的兴趣令人不敢置信，7岁时就初步通读了文字艰深的十三经，在父亲和兄长王介之的教育影响下，读了不少儒学经典，他广泛涉猎，上至《诗》《书》《礼》《易》《春秋》和先秦诸子，下至两汉经学、魏晋玄学、隋唐佛学、宋明理学，都加以研读和探讨。

王夫之画像

乐府 本是汉武帝设立的音乐机构，用来训练乐工，制定乐谱和采集歌词，包括采集了大量民歌。后来成为一种带有音乐性的诗体名称。今保存的汉乐府民歌五六十首，真实地反映了下层人民的苦难生活，如《东门行》《十五从军征》《陌上桑》等。

14岁那年，王夫之考取了秀才，然后开始致力于诗文，在短短的两年间阅读了《离骚》《乐府》历代诗人的佳作名篇约10万余首。23岁，又与哥哥同时考中举人。这个时候，可以说是王夫之风华正茂、意气风发的时期，但活生生的现实却将他的这种昂扬气势击得粉碎。

王夫之关心现实生活，注重实际考察社会，从小就喜欢向旁人问四面八方的事情，对于江山地利之学、食货经济之学、典章制度之学，都很感兴趣，并着意研究。

明朝灭亡后，各地的抗清活动此起彼伏，受其影响，王夫之也于1646年在衡阳举兵，但很快就被清政府击败。兵败后，王夫之开始著书立说，总结明亡的教训，构建自己的思想体系。

王夫之学识极其渊博，对经学、子学、史学、文学、政法、伦理等各门学术，造诣无不精深，天文、历数、医理、兵法乃至卜筮、星象，亦旁涉兼通，且留心当时传入的"西学"。

　　他通过对传统学术的批判继承，冲破了朱、王学的束缚，他总结并发展了传统的唯物主义，将张载的学说加以完善和发展，形成了以完整的元气本体论、"变化日新"的辩证思维和"理气合一"的历史观为核心的思想体系。

　　王夫之认为，整个宇宙除了"气"，更无他物。他说："尽天地之间，无不是气，即无不是理也。"这句话的大意是：在整个天地之间，没有不是表现出阴阳变化的实体"气"的，也就没有不是体现出变化过程所呈现出的规律性的"理"的。

　　王夫之提出的"实有"范畴，极大地丰富了张载的"唯气论"，把我国古代思想家进步的宇宙观推向一个新的层次，成为近代实证科学的先导。

　　王夫之强调"天地之化日新"，把荣枯代谢、推移吐纳看作是宇宙的根本法则。他认为任何生命体都经历着胎胚、流荡、灌注、衰减、散灭诸阶段，前三

卜筮　指用龟甲、筮草等工具预测某些事项。不同的时代，卜筮使用的方法有所不同。古人认为，经过神圣的求卜过程，那些自然物也就获得了神圣的象征意义，它们呈现出来的形状不是人为的结果，而是神灵和上苍的赋予，是神灵的启示或告诫。

■ 王夫之楷书《双鹤瑞舞赋》卷局部

王夫之楷书《双
鹤瑞舞赋》卷局部

《周易外传》

王夫之阐发易理
的重要哲学著
作。书中驳斥了
"太极动静而生
阴阳"的传统观
点，肯定阴阳之
外无太极，太极
乃是阴阳对立统
一的总体，认为
一切事物的生成
变化都根源于事
物的内部矛盾。
书中指出阴阳相
反相成，揭示了
朴素辩证法的矛
盾观。

者是生长过程，后二者是衰亡过程。

"变化日新"的辩证思维纠正了张载关于物质运动形式的形而上学，对近代思维起了重要启蒙作用。

同顾炎武一样，王夫之的为学也是经世致用，他在全面总结和清算传统儒学思想时，采取"学思并进"的方法，无论是他肯定的"正学"，还是他排斥的"异端"，他都采取批判与继承相结合的原则。

他绝大多数新颖的精彩观点，都是通过对传统范畴的重新解释建立起来的。"六经责我开生面，七尺从天乞活埋"是他自题画像的中堂联。对联表达了他的志愿：要总结批判传统儒家哲学，并在此基础上开辟新的思路。前一句是说自己致力于儒家的学术研究，后一句的意思是明朝亡了，七尺男儿岂能屈服，整体两句表现出作者的民族气节和人生追求。

总体上，王夫之对宋明理学持批判态度，他对宋明理学进行了猛烈的抨击，前朝统治者把程朱理学抬高到官方统治思想的地位，并不说明其兴盛。

在他看来，无论是程朱理学，还是陆王心学都是异端邪说，"存天理，灭人欲"是宋明理学提倡的理论，儒学大家朱熹认为"天理"与"人欲"不容并立，鼓吹只有"革尽人欲"，才能"复尽天理"。

王夫之针锋相对地提出"理在欲中"的理欲统一说，认为"人欲"是人人都有的，不仅一般人有，就是圣人也有，人的"饥则食，寒则衣"的欲望完全是合理的，是无可指责的。

在此基础上，王夫之还把"人欲"和"大志"联系起来，对欲望做了历史的具体分析，肯定了振兴国家的"大欲"，充斥了为己的"私欲"，站在这样的高度处理问题，在当时显然是很进步的。

王夫之著述众多，主要哲学著作有：《周易外传》《周易内传》《尚书引义》《思问录》《读通鉴论》《宋论》等。

阅读链接

王夫之对于美学的贡献也非同一般，他对美学问题的论述，不但直接见于他的文艺批评著作《薑斋诗话》《古诗评选》《唐诗评选》《明诗评选》，而且见于他的哲学著作《周易外传》《尚书引义》等。

他很强调亲身经历对于美的艺术创造的重要性，认为作家所创造的艺术美，就是运动着的事物所产生的美经过审美主体的择取淘选的一种创造。因此，对于作家来说，最重要的就是要经过作者主观的艺术创造，去反映客观事物的本质和规律。他对艺术创作中情与景的关系，曾有精辟的论述，他认为二者"虽有在心、在物之分"，但在任何真正美的艺术的创造中，景生情，情生景，二者又是相辅相成、不可割裂的。精于诗艺者，就在于善于使二者达到妙合无垠、浑然一体的地步。

戴震反理学树考据学风

儒学发展到清代中叶，以考据学的面目出现，并发展到鼎盛。考据学是一种治学方法，又称考证学或朴学，主要的工作是对古籍加以整理、校勘、注疏、辑佚等。

戴震画像

自雍正时期大兴文字狱之后，清朝的知识分子不得不钻进故纸堆，大兴考据之学。清政府用编修《四库全书》的方式，笼络天下知识分子。考版本、纠错谬、辨音义，终使考据之学大盛。

考据学是相对于"宋学"而言的，"宋学"，特别是其中的理学，着重于义理，而考据学内容包括音韵、文字、训诂、校勘等。

考据学者不仅对传统儒家经典

进行了全面的整理和研究，而且对诸子百家、史部、集部等更大范围内的传统文化典籍进行了清理。

　　他们通过校勘、辨伪、注疏、考订史实等多种手段，对浩如烟海的古代文化典籍做了去伪存真、正本清源的工作，使许多真伪混杂的文献基本恢复了本来面目，使许多晦涩深奥的典籍，基本上可供阅读研究。

　　考据之学又称为汉学，它以复兴"汉学"为己任，认为研究经学要先考证文字的意义，然后才是文章本身。

　　考据学派大体上可分为吴、皖两派。吴派以惠栋为首，皖派以徽州戴震为主。两派各有侧重，前者着重在复原汉《易》，后者侧重在名物典章制度的考证。

　　考据学派中，皖派的代表人物戴震取得的成就最大，对后世的影响也最大。

　　戴震，字东原，安徽屯溪人，号杲溪，1723年12

■《四库全书》

《四库全书》
乾隆皇帝亲自组织编纂的我国历史上一部规模最大的丛书。1773年，清朝开设《四库全书》编纂馆。由总纂官纪昀率360位学者编纂。该书成书于1782年，包括经、史、子、集四部，3461种书目，79039卷，总字数将近10亿，可谓超级文化大典。

翰林院 唐朝开始设立，初时为供职具有艺能人士的机构，自唐玄宗后，翰林分为两种，一种是翰林学士，供职于翰林学士院，一种是翰林供奉，供职于翰林院。晚唐以后，翰林学士院演变成了专门起草机密诏制的重要机构。宋朝后成为正式官职，明以后被内阁等代替，负责修书撰史，起草书诏。

月生于一个贩布的行商的家庭中。据说，他出生那天雷声震天，所以父亲为他取名为震。

戴震自幼聪敏，过目成诵。据说，戴震10岁时才会说话，他日读书数千言不休，一天读《大学章句》至"右经一章"以后，问私塾老师：

此何以知其为"孔子之言而曾子述之"？又何以知其为"曾子之意而门人记之"？

意思是问："这凭什么知道是孔子的话，而由曾子记述？又怎么知道是曾子的意思，而由他的学生记下来的呢？"

老师回答道："这是朱熹说的。"但戴震马上指出周朝离宋朝有两千年之遥，为什么朱熹能知道这些事情呢？

老师被问得瞠目结舌，无言以对，事后，老师不禁赞叹道："这个孩子不是一般人，是非常人啊"。

戴震一生充满坎坷与传奇，18岁时跟随父亲走南闯北经商，广泛接触社会生活，见多识广，从小就养成了独立思考、追本溯源的思维习惯，这

■《大学章句》序

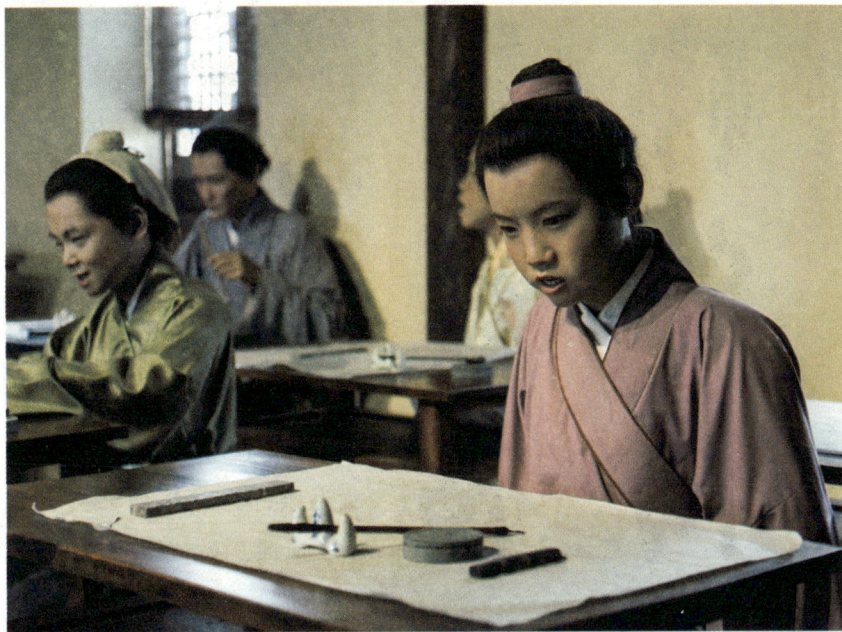

古代书院的学生

种思维习惯与他日后成为考据一派的宗师有着莫大的关系。

20岁那年，戴震偶遇年过六旬的音韵学家江永。江永精通三礼，旁通天文、地理、算学及声韵等。戴震钦佩江永的才学，遂拜江永为师。从江永那里，戴震学到不少知识，学问大进。

戴震22岁时写成《筹算》两卷，24岁写成《考工记图注》，30岁到33岁完成《勾股割圜记》《周髀北极璇玑四游解》等文，都属自然科学著作。此外，还著有《六书论》3卷，《尔雅文字考》10卷，以及《屈原赋注》《诗补传》等。

29岁那年，戴震始入学为秀才，到40岁才乡试中举，以后六次入京会试，但都没有考中，这对众望所归的戴震不啻为一次较大的打击。

会试 金、元、明、清四代科举考试名目之一。所谓会试者，共会一处，比试科艺。由礼部主持，在京师举行考试。应考者为各省的举人及国子监监生，录取者称为"贡士"，第一名称为"会元"。

戴震书法

1773年，乾隆朝开四库全书馆，戴震被召为纂修，赐同进士出身，入翰林院入职。在四库馆中，戴震作出不少成绩，从《永乐大典》辑出宋代张淳的《仪礼识误》3卷，把宋代李如圭的《仪礼集释》厘订为30卷。

戴震在四库全书馆，利用藏书条件，对凡是天文、算法、地理、文字声韵等方面的书，均加以考订，精心研究。

十七、十八世纪时，反理学思想泛起，当时思想家大都鄙夷谈心说性的理学，这就形成了朴学时代。戴震对程朱理学的批判较为彻底，他认为理学的病根在于不肯抛弃谈心说性，而尊崇理，抛弃气，又保留理而抛弃欲。

戴震认为阴阳五行才是道的实体，金、木、水、火、土五行的五种物质都含有阴阳的对立，而每一种物质又都是阴阳二气的统一体，所以离开了矛盾而统一的物质实体，就没有道的存在。

戴震在反理学的过程中建立起自己的学说，他认为理是事物的条理，理在情中，而不在人心之中。人心只有血气心知，而心知只是可以求理的官能。戴震把他的学说建立在正视人欲的基础上，这是对理学"存天理，灭人欲"的最大挑战。

在反理学的过程中，戴震树立起考据学风，他侧重名物典章制度的考证，其目的在于探讨社会治乱的根源，他认为由于训诂可得典章制度的历史意义，由此可以获得见识。

戴震主张用考据的方法，恢复四书五经的原始含义，进而阐明儒家文化。在他看来，连起码的识字都要反复考证才行："每识一字，当贯群经，本六书，然后为定。"

戴震在校勘《水经注》时，分别经、注，并归纳出3种原则。他用以校勘通行本，共补其缺漏者2128个字，删其妄增者1448个字，改3715个字。该校本最终获得了乾隆皇帝的赞赏。

此外，戴震所撰写的《声类表》《声韵考》等，将入声及祭、泰、夬、废四韵独立，析古韵为十六部，对古音学发展

训诂学 我国传统研究古书中词义的学科。用通俗的语言解释词义叫"训"，用当代的话解释古代的语言叫"诂"。训诂学在阐释古代词义的同时，也分析古代书籍中的语法、修辞现象。广义的训诂学包括音韵学和文字学，狭义的训诂学只是小学中与音韵、文字相对的学科。

■《水经注》

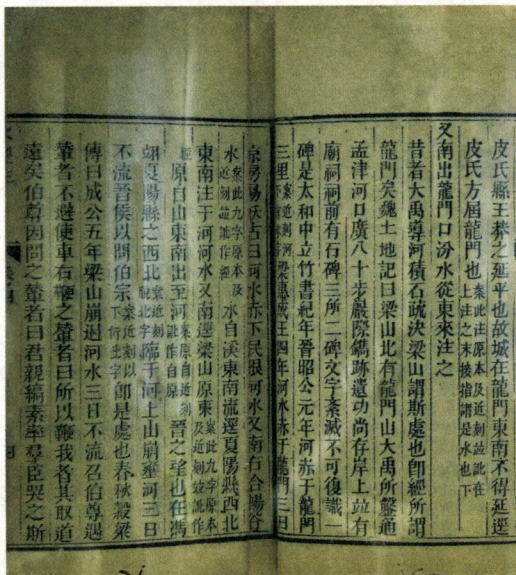

做出了贡献。他所提出的"故训、音声恒相因""因声而知义"等训诂学主张，对于清代训诂学的发展影响深远。

我国的校勘学有几千年历史，仅在戴震和考据学派手里，才在"识文字，通训诂，明声假"等文字学基础上，使用科学方法精核考证，成为科学的理论。

戴震从字义、音韵等方面重新审视两千年来儒学所依托的经学典籍，这对儒学的发展有着重要的推动意义。

与清代中叶其他经师钻故纸堆不同的是，戴震考据学的出发点在于有意识地继承并发扬顾炎武以来的新儒学学术传统，他既反对程朱理学空谈义理的虚玄无物，又反对乾嘉考据的矫枉过正。

戴震先后撰成《筹算》《六书论》《尔雅文字考》及《考工记图注》《原善》《尚书今文古文考》《春秋改元即位考》《诗经补注》《声类表》《方言疏证》《声韵考》及《孟子字义疏证》等。

阅读链接

戴震在四库全书馆时，认真考订，精心研究，全力以赴。55岁时，乾隆四十二年，即1777年，殁于北京崇文门西范氏颖园，可以说是以身殉职。他的弟子段玉裁说"谓先生鞠躬尽瘁，死于官事可也"。

《四库全书》总纂官纪昀题诗怀念："披肝露胆两不疑，情话分明忆旧时。"乾隆时学者洪榜为戴震写行状称："抱经世之才，其论治以富民为本。"学者王昶后来为戴震作墓志铭。史学家钱大昕后来作《戴先生震传》详细记录了戴震一生活动及学术成就。

中华精神家园书系

建筑古蕴

壮丽皇宫：三大故宫的建筑壮景
宫殿怀古：古风犹存的历代华宫
古都遗韵：古都的厚重历史遗韵
千古都城：三大古都的千古传奇
王府胜景：北京著名王府的景致
府衙古影：古代府衙的历史遗风
古城底蕴：十大古城的历史风貌
古镇奇葩：物宝天华的古镇奇观
古村佳境：人杰地灵的千年古村
经典民居：精华浓缩的最美民居

古建之魂

千年名刹：享誉中外的佛教寺院
天下四绝：佛教的海内四大名刹
皇家寺院：御赐美名的著名古刹
寺院奇观：独特文化底蕴的名刹
京城宝刹：北京内外八刹与三山
道观杰作：道教的十大著名宫观
古塔瑰宝：无上玄机的魅力古塔
宝塔珍品：巧夺天工的非常古塔
千古祭庙：历代帝王庙与名臣庙

古建涵蕴

天下祭坛：北京祭坛的绝妙密码
祭祀庙宇：香火旺盛的各地神庙
绵延祠庙：传奇神人的祭祀圣殿
至圣尊崇：文化浓厚的孔孟祭地
人间天宫：非凡造诣的妈祖庙宇
祠庙典范：最具人文特色的祭祠
绝代王陵：气势恢宏的帝王陵园
王陵雄风：空前绝后的地下城堡
大宅揽胜：宏大气派的大户宅第
古街韵味：古色古香的千年古街

古建风雅

皇家御苑：非凡胜景的皇家园林
非凡胜景：北京著名的皇家园林
园林精粹：苏州园林特色与名园
秀美园林：江南园林特色与名园
园林千姿：岭南园林特色与名园
雄丽之园：北方园林特色与名园
亭台情趣：迷人的典型精品古建
楼阁雅韵：神圣典雅的古建象征
三大名楼：文人雅士的汇聚之所
古建古风：中国古典建筑与标志

文化遗迹

远古人类：中国最早猿人及遗址
原始文化：新石器时代文化遗址
王朝遗韵：历代都城与王城遗址
考古遗珍：中国的十大考古发现
陵墓遗存：古代陵墓与出土文物
石窟奇观：著名石窟与不朽艺术
石刻神工：古代石刻与文化艺术
岩画古韵：古代岩画与艺术特色
家居古风：古代建材与家居艺术
古道依稀：古代商贸通道与交通

物宝天华

青铜时代：青铜文化与艺术特色
玉石之国：玉器文化与艺术特色
陶器寻古：陶器文化与艺术特色
瓷器故乡：瓷器文化与艺术特色
金银生辉：金银文化与艺术特色
珐琅精工：珐琅器与文化之特色
琉璃古风：琉璃器与文化之特色
天然大漆：漆器文化与艺术特色
天然珍宝：珍珠宝石与艺术特色
天下奇石：赏石文化与艺术特色

中华精神家园书系

古迹奇观

玉宇琼楼：分布全国的古建筑群
城楼古景：雄伟壮丽的古代城楼
历史开关：千年古城墙与古城门
长城纵览：古代浩大的防御工程
长城关隘：万里长城的著名关卡
雄关漫道：北方的著名古代关隘
千古要塞：南方的著名古代关隘
桥的国度：穿越古今的著名桥梁
古桥天姿：千姿百态的古桥艺术
水利古貌：古代水利工程与遗迹

山水灵性

母亲之河：黄河文明与历史渊源
中华巨龙：长江文明与历史渊源
江河之美：著名江河的文化源流
水韵雅趣：湖泊泉瀑与历史文化
东岳西岳：泰山华山与历史文化
五岳名山：恒山衡山嵩山的文化
三山美名：三山美景与历史文化
佛教名山：佛教名山的文化流芳
道教名山：道教名山的文化流芳
天下奇山：名山奇迹与文化内涵

自然遗产

天地厚礼：中国的世界自然遗产
地理恩赐：地质蕴含之美与价值
绝美景色：国家综合自然风景区
地质奇观：国家自然地质风景区
无限美景：国家自然山水风景区
自然名胜：国家自然名胜风景区
天然生态：国家综合自然保护区
动物乐园：国家动物自然保护区
植物王国：国家保护的野生植物
森林景观：国家森林公园大博览

西部沃土

古朴秦川：三秦文化特色与形态
龙兴之地：汉水文化特色与形态
塞外江南：陇右文化特色与形态
人类敦煌：敦煌文化特色与形态
巴山风情：巴渝文化特色与形态
天府之国：蜀文化的特色与形态
黔风贵韵：黔贵文化特色与形态
七彩云南：滇云文化特色与形态
八桂山水：八桂文化特色与形态
草原牧歌：草原文化特色与形态

东部风情

燕赵悲歌：燕赵文化特色与形态
齐鲁儒风：齐鲁文化特色与形态
吴越人家：吴越文化特色与形态
两淮之风：两淮文化特色与形态
八闽魅力：福建文化特色与形态
客家风采：客家文化特色与形态
岭南灵秀：岭南文化特色与形态
潮汕之根：潮州文化特色与形态
滨海风光：琼州文化特色与形态
宝岛台湾：台湾文化特色与形态

中部之魂

三晋大地：三晋文化特色与形态
华夏之中：中原文化特色与形态
陈楚风韵：陈楚文化特色与形态
地方显学：徽州文化特色与形态
形胜之区：江西文化特色与形态
淳朴湖湘：湖湘文化特色与形态
神秘湘西：湘西文化特色与形态
瑰丽楚地：荆楚文化特色与形态
秦淮画卷：秦淮文化特色与形态
冰雪关东：关东文化特色与形态

节庆习俗

普天同庆：春节习俗与文化内涵
张灯结彩：元宵习俗与彩灯文化
寄托哀思：清明祭祀与寒食习俗
粽情端午：端午节与赛龙舟习俗
浪漫佳期：七夕节俗与妇女乞巧
花好月圆：中秋节俗与赏月之风
九九踏秋：重阳节俗与登高赏菊
千秋佳节：传统节日与文化内涵
民族盛典：少数民族节日与内涵
百姓聚欢：庙会活动与赶集习俗

民风根源

血缘脉系：家族家谱与家庭文化
万姓之根：姓氏与名字号及称谓
生之由来：生庚生肖与寿诞礼俗
婚事礼俗：嫁娶礼俗与结婚喜庆
人生遵俗：人生处世与礼俗文化
幸福美满：福禄寿喜与五福临门
礼仪之邦：古代礼制与礼仪文化
祭祀庆典：传统祭典与祭祀礼俗
山水相依：依山傍水的居住文化

衣食天下

衣冠楚楚：服装艺术与文化内涵
凤冠霞帔：佩饰艺术与文化内涵
丝绸锦绣：古代纺织精品与布艺
绣美中华：刺绣文化与四大名绣
以食为天：饮食历史与筷子文化
美食中国：八大菜系与文化内涵
中国酒道：酒历史酒文化的特色
酒香千年：酿酒遗址与传统名酒
茶道风雅：茶历史茶文化的特色

国风美术

丹青史话：绘画历史演变与内涵
国画风采：绘画方法体系与类别
独特画派：著名绘画流派与特色
国画瑰宝：传世名画的绝色魅力
国风长卷：传世名画的大美风采
艺术之根：民间剪纸与民间年画
影视鼻祖：民间皮影戏与木偶戏
国粹书法：书法历史与艺术内涵
翰墨飘香：著名书法名作与艺术
行书天下：著名行书精品与艺术

汉语之魂

汉语源流：汉字汉语与文章体类
文学经典：文学评论与作品选集
古老哲学：哲学流派与经典著作
史册汗青：历史典籍与文化内涵
统御之道：政论专著与文化内涵
兵家韬略：兵法谋略与文化内涵
文苑集成：古代文献与经典专著
经传宝典：古代经传与文化内涵
曲苑音坛：曲艺说唱项目与艺术
曲艺奇葩：曲艺伴奏项目与艺术

博大文学

神话魅力：神话传说与文化内涵
民间相传：民间传说与文化内涵
英雄赞歌：四大英雄史诗与内涵
灿烂散文：散文历史与艺术特色
诗的国度：诗的历史与艺术特色
词苑漫步：词的历史与艺术特色
散曲奇葩：散曲历史与艺术特色
小说源流：小说历史与艺术特色
小说经典：著名古典小说的魅力

歌舞共娱

古乐流芳：古代音乐历史与文化
钧天广乐：古代十大名曲与内涵
八音古乐：古代乐器与演奏艺术
鸾歌凤舞：古代大曲历史与艺术
妙舞长空：舞蹈历史与文化内涵
体育古项：体育运动与古老项目
民俗娱乐：民俗运动与古老项目
刀光剑影：器械武术种类与文化
快乐游艺：古老游艺与文化内涵
开心棋牌：棋牌文化与古老项目

科技回眸

创始发明：四大发明与历史价值
科技首创：万物探索与发明发现
天文回望：天文历史与天文科技
万年历法：古代历法与岁时文化
地理探究：地学历史与地理科技
数学史鉴：数学历史与数学成就
物理源流：物理历史与物理科技
化学历程：化学历史与化学科技
农学春秋：农学历史与农业科技
生物寻古：生物历史与生物科技

文化标记

龙凤图腾：龙凤崇拜与舞龙舞狮
吉祥如意：吉祥物品与文化内涵
花中四君：梅兰竹菊与文化内涵
草木有情：草木美誉与文化象征
雕塑之韵：雕塑历史与艺术内涵
壁画遗韵：古代壁画与古墓丹青
雕刻精工：竹木骨牙角匏与工艺
百年老号：百年企业与文化传统
特色之乡：文化之乡与文化内涵

杰出人物

文韬武略：杰出帝王与励精图治
千古忠良：千古贤臣与爱国爱民
将帅传奇：将帅风云与文韬武略
思想宗师：先贤思想与智慧精华
科学鼻祖：科学精英与求索发现
发明巨匠：发明天工与创造英才
文坛泰斗：文学大家与传世经典
诗神巨星：天才诗人与妙笔华篇
画界巨擘：绘画名家与绝代精品
艺术大家：艺术大师与杰出之作

戏苑杂谈

梨园春秋：中国戏曲历史与文化
古戏经典：四大古典悲剧与喜剧
关东曲苑：东北戏曲种类与艺术
京津大戏：北京与天津戏曲艺术
燕赵戏苑：河北戏曲种类与艺术
三秦戏苑：陕西戏曲种类与艺术
齐鲁戏台：山东戏曲种类与艺术
中原曲苑：河南戏曲种类与艺术
江淮戏话：安徽戏曲种类与艺术

千秋教化

教育之本：历代官学与民风教化
文武科举：科举历史与选拔制度
教化于民：太学文化与私塾文化
官学盛况：国子监与学宫的教育
朗朗书院：书院文化与教育特色
君子之学：琴棋书画与六艺课目
启蒙经典：家教蒙学与文化内涵
文房四宝：纸笔墨砚及文化内涵
刻印时代：古籍历史与文化内涵
金石之光：篆刻艺术与印章碑石

悠久历史

古往今来：历代更替与王朝千秋
天下一统：历代统一与行动韬略
太平盛世：历代盛世与开明之治
变法图强：历代变法与图强革新
古代外交：历代外交与文化交流
选贤任能：历代官制与选拔制度
法治天下：历代法制与公正严明
古代税赋：历代赋税与劳役制度
三农史志：历代农业与土地制度
古代户籍：历代区划与户籍制度

信仰之光

儒学根源：儒学历史与文化内涵
文化主体：天人合一的思想内涵
处世之道：传统儒家的修行法宝
上善若水：道教历史与道教文化

梨园谱系

苏沪大戏：江苏上海戏曲与艺术
钱塘戏话：浙江戏曲种类与艺术
荆楚戏台：湖北戏曲种类与艺术
潇湘梨园：湖南戏曲种类与艺术
滇黔好戏：云南贵州戏曲与艺术
八桂梨园：广西戏曲种类与艺术
闽台戏苑：福建戏曲种类与艺术
粤琼戏话：广东戏曲种类与艺术
赣江好戏：江西戏曲种类与艺术

传统美德

君子之为：修身齐家治国平天下
刚健有为：自强不息与勇毅力行
仁爱孝悌：传统美德的集中体现
谦和好礼：为人处世的美好情操
诚信知报：质朴道德的重要表现
精忠报国：民族精神的巨大力量
克己奉公：强烈使命感和责任感
见利思义：崇高人格的光辉写照
勤俭廉政：民族的共同价值取向
笃实宽厚：宽厚品德的生活体现

历史长河

兵器阵法：历代军事与兵器阵法
战事演义：历代战争与著名战役
货币历程：历代货币与钱币形式
金融形态：历代金融与货币流通
交通巡礼：历代交通与水陆运输
商贸纵观：历代商业与市场经济
印纺工业：历代纺织与印染工艺
古老行业：三百六十行由来发展
养殖史话：古代畜牧与古代渔业
种植细说：古代栽培与古代园艺

强健之源

中国功夫：中华武术历史与文化
南拳北腿：武术种类与文化内涵
少林传奇：少林功夫历史与文化